어디에나 확실히 지퍼를 달 수 있다!

쉽게 배우는 지퍼 책

한스미디어

Introduction

지퍼 달기는 두렵지 않아요!

지퍼를 달 줄 알면 작품 실용도가 높아지고,
만들 수 있는 작품의 폭도 넓어집니다. 하지만 지퍼를 처음 달거나
자기 식으로 달면 '어쩐지 어려워 보여', '과정을 잘 모르겠는데',
'어디를 박아야 하나…' 이런 생각이 들지요.

그러나 지퍼 달기는 다는 방법의 핵심만 알아두면
의외로 어렵지 않답니다. 오히려 제대로 달 수 있게 되면
기성품 같은 작품을 만들 수 있어서 바느질이 점점 더 즐거워집니다.

이 책에서는 지퍼의 기본부터 실제로 작품을 만들며 배울 수 있는
지퍼 다는 법까지 상세하게 알려줍니다.
다양한 지퍼 다는 법에 도전하여 지퍼 달기에 자신감을
느껴보세요.

Contents

Step 1

지퍼의 기본

Basic

Step 2

파우치 & 가방에 지퍼 달기

Lesson

방법 1 지퍼 양쪽에 지퍼감 달기

방법 2 몸판에 직접 지퍼 달기

방법 3 지퍼 이빨을 숨겨서 달기

방법 4 주머니 입구에 지퍼 달기

column

Step 3

옷에 지퍼 달기

Lesson

바느질의 기초···p.65
How to make···p.73~107

- 이 책에서 사용한 플랫 니트® 지퍼, 에프론® 시퍼, 비슬론® 지퍼, 콘실® 지퍼는 YKK주식회사의 등록상표입니다.

- 이 책은 YKK주식회사 제품의 지퍼 다는 법을 다룹니다. 다른 회사 제품은 이 책에 쓰인 내용과 맞지 않을 수도 있습니다.

- 이 책은 일반 원단과 사용법을 가정하여 썼기 때문에 원단의 성질이나 상태 등에 따라서 책에 쓰인 내용과 맞지 않을 수도 있습니다.

- 지퍼 길이 조정, 임시 고정, 다림질, 세탁 등 지퍼에 가공을 하면 제조사에서 반품, 교환, 수리가 불가능합니다.

- 이 책에 수록된 작품을 복제해(온·오프라인 숍 등에) 판매하는 행위는 금지되어 있습니다. 집에서 내 손으로 직접 만드는 즐거움에만 활용해주세요.

지퍼는 어떻게 닫힐까?

슬라이더(손잡이가 달린 부분)를 움직이면 지퍼 테이프와 지퍼 테이프에 붙어 있는 지퍼 이빨(엘리먼트)이 사진처럼 구부러집니다. 톱니바퀴처럼 움직이기 때문에 좌우 엘리먼트끼리 맞물려서 지퍼가 닫힙니다. 슬라이더를 내리면 지퍼 이빨이 떨어지면서 지퍼는 열립니다. 지퍼의 이 원리는 미국인 위트콤 저드슨이 구두끈을 묶는 불편함을 해결하려고 고안한 것입니다.

'파스너', '지퍼', '차쿠'는 어떻게 다를까?

이 세 단어는 모두 '파스너'를 가리킵니다. 일반적으로 사용하는 '파스너'는 '슬라이드 파스너(slide fastener, 미끄러지는 방식의 잠금 부속)'의 줄임말이며, 영국을 비롯한 여러 나라에서 쓰이는 명칭입니다. 미국에서 쓰이는 '지퍼'는 빠른 소리를 나타내는 집(zip)에 무엇을 하는 도구라는 뜻의 접미사(er)를 붙여서 '지퍼(zipper)'가 되었습니다. '긴차쿠(巾着)'에서 따온 상표명인 '차쿠'는 일본에서만 사용하는 명칭입니다.

Step 1

지퍼의 기본

Basic

지퍼의 부분 명칭

이 책에 자주 등장하는 지퍼의 각 부분 명칭부터 알아보겠습니다.

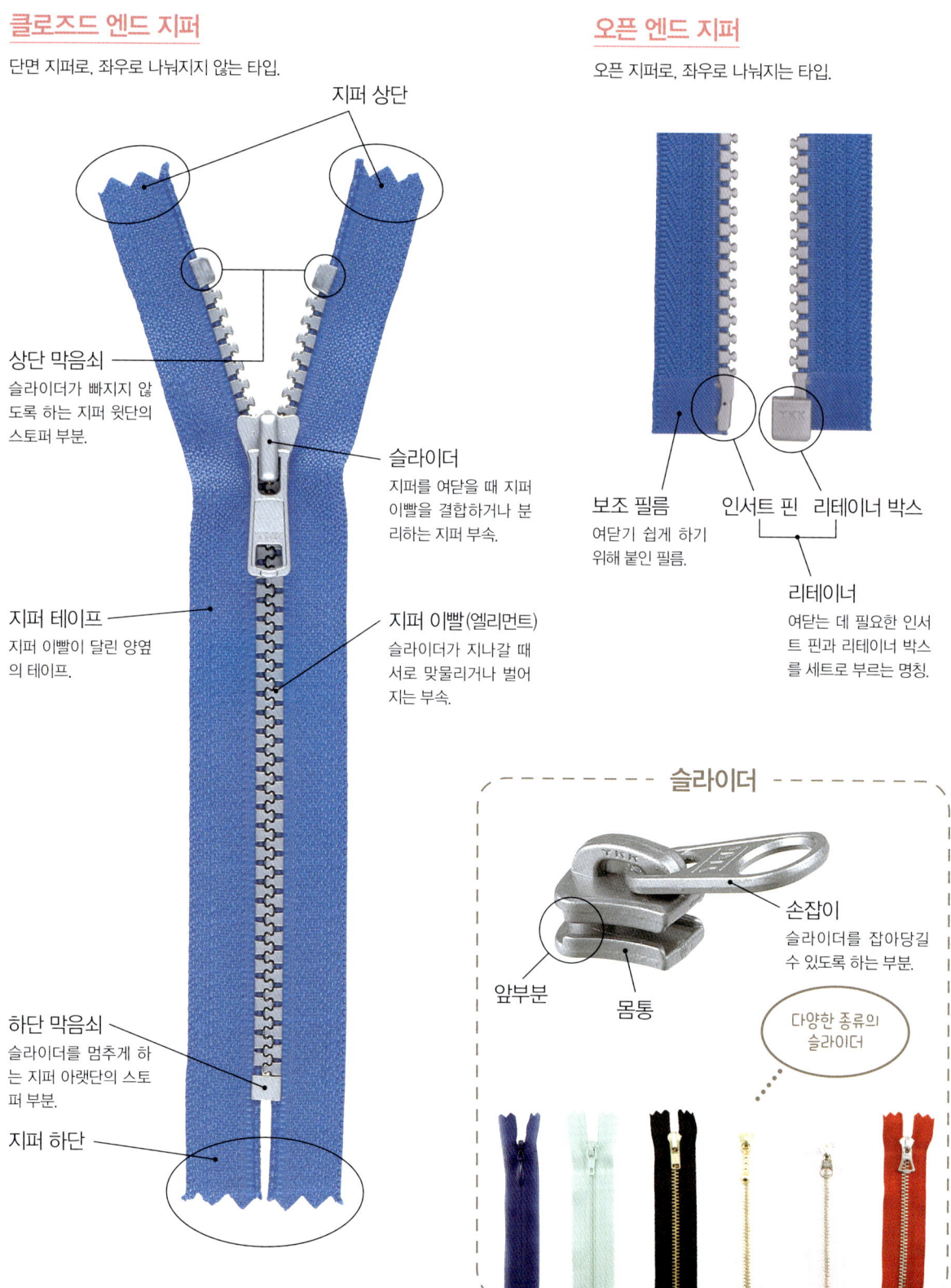

클로즈드 엔드 지퍼

단면 지퍼로, 좌우로 나눠지지 않는 타입.

지퍼 상단

상단 막음쇠
슬라이더가 빠지지 않
도록 하는 지퍼 윗단의
스토퍼 부분.

슬라이더
지퍼를 여닫을 때 지퍼
이빨을 결합하거나 분
리하는 지퍼 부속.

지퍼 테이프
지퍼 이빨이 달린 양옆
의 테이프.

지퍼 이빨(엘리먼트)
슬라이더가 지나갈 때
서로 맞물리거나 벌어
지는 부속.

하단 막음쇠
슬라이더를 멈추게 하
는 지퍼 아랫단의 스토
퍼 부분.

지퍼 하단

오픈 엔드 지퍼

오픈 지퍼로, 좌우로 나눠지는 타입.

보조 필름
여닫기 쉽게 하기
위해 붙인 필름.

인서트 핀

리테이너 박스

리테이너
여닫는 데 필요한 인서
트 핀과 리테이너 박스
를 세트로 부르는 명칭.

슬라이더

손잡이
슬라이더를 잡아당길
수 있도록 하는 부분.

앞부분

몸통

다양한 종류의
슬라이더

지퍼 종류

지퍼 종류는 다양합니다. 손쉽게 구매할 수 있는 지퍼를 소개하겠습니다.

콘실® 지퍼

지퍼 이빨을 합성수지로 만든 코일 지퍼의 일종. 지퍼 이빨이 겉으로 드러나지 않는 타입이라서 주로 지퍼가 드러나지 않는 옷을 만들 때 사용합니다.

플랫 니트® 지퍼

지퍼 이빨을 합성수지로 만든 코일 지퍼의 일종. 지퍼 테이프가 니트라서 얇고 부드러우며 가위로 자를 수 있어 길이 조절이 쉽습니다.

에프론® 지퍼

나일론제 지퍼 이빨을 테이프에 단 코일 지퍼의 일종. 같은 사이즈의 다른 코일 지퍼보다 얇습니다.

코일 지퍼

나일론이나 폴리에스테르 등의 수지 소재 지퍼. 지퍼 이빨 부분이 코일 모양이며 같은 사이즈의 금속 지퍼나 비슬론® 지퍼보다 유연합니다.

비슬론® 지퍼

나일론이나 폴리에스테르 등이 수지 소재 지퍼. 같은 사이즈의 금속 지퍼보다 경량이고 지퍼 이빨 크기가 큰 것이 특징입니다.

특수 지퍼

웨트슈트 등에 사용하는 방수 지퍼, 지퍼 이빨이 알록달록한 컬러 지퍼 등 지퍼의 종류는 다양합니다.

금속 지퍼

지퍼 이빨 부분을 금속으로 만든 지퍼. 지퍼 이빨과 슬라이더 부분의 색이 다양한데 금색 이외에 앤티크 골드와 은색 등이 있습니다.

지퍼 선택법

지퍼는 만들고자 하는 작품 용도에 적합한지 확인하고 나서 고릅니다.

가방&파우치

대부분의
지퍼가 OK

- 금속 지퍼
- 비슬론® 지퍼
- 에프론® 지퍼
- 코일 지퍼
- 플랫 니트® 지퍼

가방이나 파우치에는 대부분의 지퍼를 사용할 수 있습니다. 단, 원단과의 상성과 지퍼 무게에 주의하여 골라야 합니다. 몸판이 얇고 빳빳하지 않은 원단은 금속 지퍼처럼 무거운 지퍼를 달면 지퍼 무게에 눌려 몸판이 처집니다. 비슬론® 지퍼는 이빨 부분이 잘 구부러지지 않으므로 굴곡이 심한 작품에는 맞지 않습니다.

스커트

합성수지 소재의
가벼운 지퍼를

- 에프론® 지퍼
- 콘실® 지퍼
- 플랫 니트® 지퍼

스커트 지퍼에는 원단에 맞는 탄력이 필요하므로 합성수지 소재의 가벼운 지퍼가 적당합니다. 지퍼 다는 방법에 맞춰서 사용합니다.

팬츠

원단 두께에 따라
선택

- 금속 지퍼
- 에프론® 지퍼
- 플랫 니트® 지퍼

팬츠 지퍼는 사용할 원단 두께에 맞춰서 골라야 합니다. 비교적 얇은 원단은 플랫 니트® 지퍼나 에프론® 지퍼를, 두께가 있는 원단은 금속 지퍼를 추천합니다.

원피스

솔기가 보이지
않아서 깔끔

- 콘실® 지퍼

원피스 지퍼는 지퍼 이빨과 솔기가 겉에서 보이지 않는 콘실® 지퍼를 권합니다.

재킷

여닫기 편한
오픈 타입

- 금속 오픈 지퍼
- 비슬론® 오픈 지퍼

두꺼운 원단을 많이 사용하는 재킷에는 금속 오픈 지퍼나 비슬론® 오픈 지퍼를 권합니다. 반드시 좌우로 나눠지는 오픈 지퍼를 사용합니다.

지퍼 길이

지퍼 길이는 초보자가 어려워하는 부분입니다.
어디부터 어디까지가 지퍼 길이인지 알아보겠습니다.

오픈 엔드 지퍼   좌우로 분리할 수 있는 지퍼.

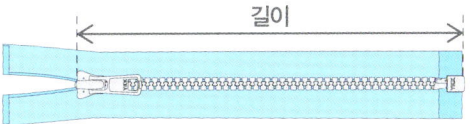

슬라이더를 맨 위까지 올린 상태에서
슬라이더의 머리 끝에서 리테이너박스 끝까지의 길이.

클로즈드 엔드 지퍼   좌우 지퍼 테이프가 하단 막음쇠로 고정된 지퍼.

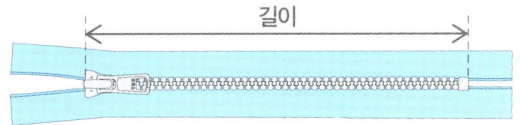

슬라이더를 맨 위까지 올린 상태에서
슬라이더의 머리 끝에서 하단 막음쇠 끝까지의 길이.

투 슬라이더 지퍼(머리가 맞닿음)

슬라이더 2개의 머리 쪽이 서로 맞닿게 이어진 지퍼.

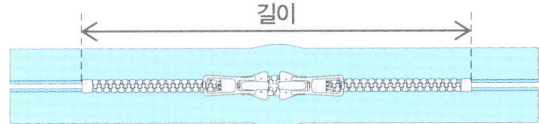

한쪽 하단 막음쇠 끝에서 다른 하단 막음쇠 끝까지의 길이.

투 슬라이더 지퍼(뒤가 맞닿음)

슬라이더 2개의 뒤쪽이 서로 맞닿게 이어진 지퍼.

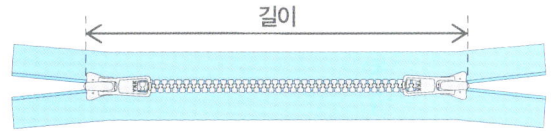

슬라이더 2개를 각각 끝까지 닫은 상태에서
한쪽 슬라이더 머리 끝에서 다른 쪽 슬라이더 머리 끝까지의 길이.

투웨이 지퍼   좌우로 분리할 수 있고 슬라이더가 2개 있어서 아래에서도 여닫을 수 있는 지퍼.

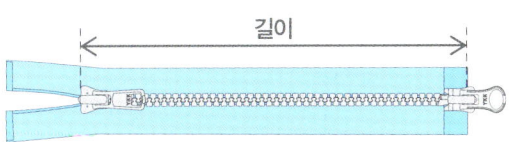

슬라이더를 맨 위까지 올린 상태에서
슬라이더의 머리 끝에서 보조 필름 끝까지의 길이.

지퍼 호수

지퍼는 지퍼 이빨 크기에 따라 호수(사이즈)가 다릅니다.

No.3

No.5

구매한 지퍼에는 'No.3', 'No.5' 같은 숫자가 붙어 있습니다. 이 숫자는 지퍼 사이즈를 나타내며, 지퍼 이빨이 붙어 있는 부분의 폭을 표시합니다. 숫자가 커질수록 폭이 넓어지니 만드는 작품의 분위기에 맞춰서 호수들 고릅니다.

Point ꟸꟸꟸꟸꟸꟸꟸꟸꟸꟸꟸꟸꟸꟸ

지퍼 호수를 알 수 없다면?

구매했을 때 붙어 있던 꼬리표를 떼어서 지퍼 호수를 알 수 없다면 슬라이더 뒤쪽을 보세요. 여기에 적힌 숫자가 지퍼 사이즈입니다. 함께 적힌 알파벳은 지퍼 종류를 가리킵니다.

(예) VISLON=비슬론®
FK=플랫 니트®
EF·ER=에프론®

지퍼 길이 조정

지퍼 길이는 만드는 작품에 맞춰서 직접 조정할 수 있습니다.
*지퍼 길이를 조정했다면 제조사 등에서 반품, 교환, 수리 등이 불가능하니 주의합니다.

코일 지퍼 (플랫 니트® 지퍼, 에프론® 지퍼, 코일 지퍼〈스탠더드〉)

코일 지퍼는 필요한 길이의 위치에서 좌우 지퍼 이빨이 분리되지 않도록 하단 막음쇠를 재봉틀로 되돌아박기하여 고정합니다. 봉제한 부분에서 일정 여분을 남기고 가위로 자릅니다.

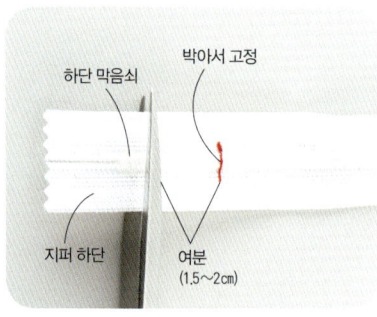

하단 막음쇠 · 박아서 고정
지퍼 하단 · 여분 (1.5~2cm)

금속 지퍼

1

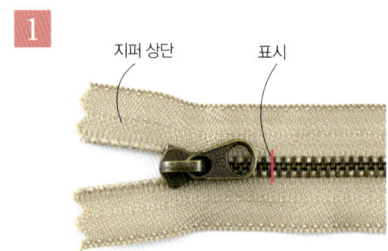

지퍼 상단 · 표시

필요한 길이를 재고 표시합니다.

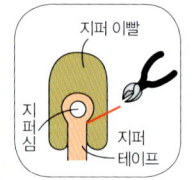

지퍼 이빨 · 지퍼 심 · 지퍼 테이프

지퍼 테이프를 집고 있는 지퍼 이빨의 다리 부분을 한쪽만 잘라서 지퍼 상단 쪽부터 표시한 곳까지 뗍니다. 지퍼 테이프의 심을 자르지 않도록 주의합니다.

3

지퍼 이빨 · 니퍼

2

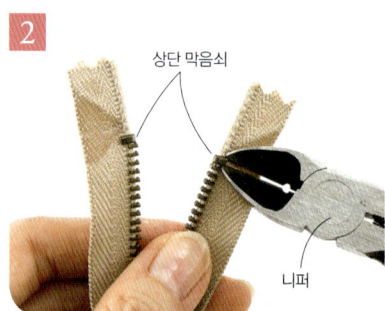

상단 막음쇠

상단 막음쇠 · 니퍼

니퍼나 엔드커팅니퍼 등을 사용하여 상단 막음쇠를 뗍니다. 이 상단 막음쇠는 나중에 사용하니 흠집이 나지 않도록 주의합니다.

4

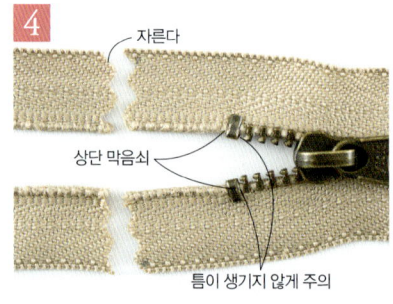

자른다
상단 막음쇠
틈이 생기지 않게 주의

처음에 떼어낸 상단 막음쇠를 다시 끼우고 평펜치 등으로 눌러서 고정합니다. 상단 막음쇠는 지퍼 이빨에 딱 붙여서 달고, 남는 테이프는 자릅니다.

비슬론® 지퍼

1

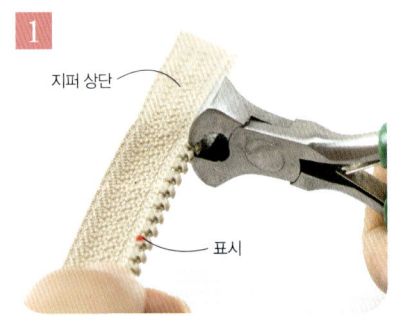

지퍼 상단 · 표시

비슬론® 지퍼의 상단 막음쇠는 한 번 자르면 사용할 수 없으므로 새것을 따로 준비합니다. 금속 지퍼와 같은 방법으로 니퍼나 엔드커팅니퍼 등으로 상단 막음쇠를 떼고, 지퍼 이빨을 잘라서 떼냅니다.

2

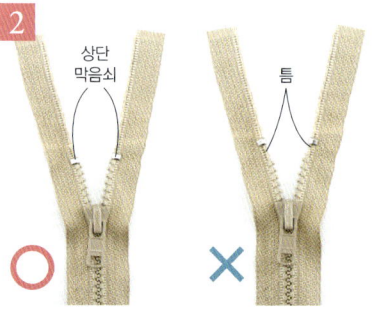

상단 막음쇠 · 틈

○ ✕

따로 준비한 상단 막음쇠를 다시 답니다. 지퍼 이빨과 상단 막음쇠 사이가 벌어지지 않도록 주의합니다.

작품과 지퍼 길이의 관계

'어느 정도 길이의 지퍼를 사야 하지?' 하고 고민하지 않도록 지퍼 길이를 고를 때 주의할 점입니다.

가방&파우치

● 딱 맞는 길이로 달 때 ········· 약간의 여유를 둔다

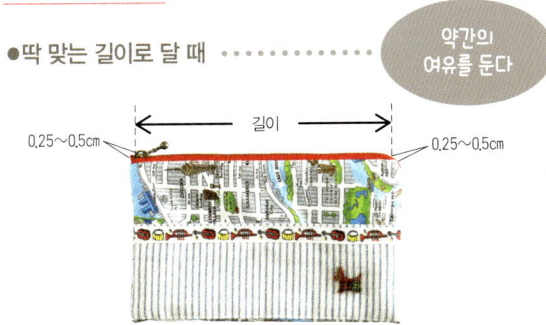

파우치 입구나 지퍼감에 지퍼를 딱 맞는 길이로 단다면 파우치 입구 길이보다 0.5~1cm 짧은 지퍼를 준비합니다. 슬라이더를 움직일 때 필요한 여유분, 이을 때 필요한 여유분으로 상단 막음쇠와 하단 막음쇠 사이에 틈이 필요하기 때문입니다.

● 튀어나오게 달 때 ········· 지퍼 다는 위치의 치수 +돌출 분량

지퍼감이나 파우치 입구에서 지퍼를 튀어나오게 달려면 작품 크기에도 좌우되지만 파우치는 지퍼 다는 위치의 치수+5cm 정도, 가방은 지퍼 다는 위치의 치수+10cm 정도 길이의 지퍼를 준비합니다.

스커트 ········· 가장 폭이 넓은 엉덩이선까지

스커트는 벨트를 다는 위치에서 약 0.5cm 아래부터 엉덩이선(트임 끝 지점)까지 오는 길이의 지퍼가 필요합니다. 몸에서 폭이 가장 넓은 엉덩이선까지 열려야 스커트를 입을 수 있기 때문입니다. 패턴에 맞추어 지퍼를 준비합니다.

팬츠 ········· 엉덩이선에서 조금 내려온 트임 끝 지점까지

앞트임 팬츠라면 벨트를 다는 위치에서 약 0.5cm 아래부터 트임 끝 지점까지 오는 길이의 지퍼가 적당합니다. 골반 팬츠처럼 허리 위치에 따라 필요한 길이가 달라지므로 패턴에 맞춰 지퍼를 준비합니다.

원피스 ········· 목둘레부터 엉덩이선까지

콘실® 지퍼를 다는 원피스는 지퍼 다는 위치의 상단부터 엉덩이선(트임 끝 지점)까지보다 긴 지퍼를 준비합니다. 콘실® 지퍼는 길이를 간단히 조정할 수 있으니 여분은 자릅니다.

재킷 ········· 지퍼 다는 위치에 맞춘다

재킷은 지퍼 다는 위치의 길이에 딱 맞게 패턴의 지퍼 끝 지점 위치를 참조하여 준비합니다.

지퍼 다는 데 필요한 도구

지퍼를 깔끔하게 달려면 필요한 도구부터 준비하고 작업에 들어갑니다.

노루발   *노루발은 각자 사용하는 재봉틀에 맞는 것을 준비합니다.

외노루발

노루발 한쪽이 비어 있기 때문에 지퍼 이빨에 닿지 않고 박을 수 있어서 편리합니다.

> 보통 재봉틀 세트에 딸려 있다

콘실® 지퍼 노루발

> 추가로 준비

콘실® 지퍼 전용 노루발. 노루발 안쪽에 홈이 파여 있어서, 지퍼 이빨을 세우면서 바로 옆을 봉제할 수 있습니다.

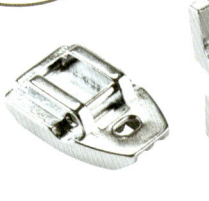

〈외노루발〉 〈일반 노루발〉

외노루발은 노루발 한쪽이 비어 있어서 원단을 세게 누르며 지퍼 이빨 가까운 곳을 봉제할 수 있습니다. 이에 반해 가정용 재봉틀의 직선박기 등에 사용하는 일반 노루발은 폭이 넓어서 노루발이 지퍼 이빨 위에 올라타기 때문에 박음질이 순조롭지 않을 수도 있습니다.

〈콘실® 지퍼 노루발 〉 〈일반 노루발〉

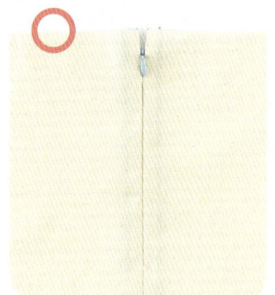

콘실® 지퍼 노루발로 봉제하면 겉쪽에서 지퍼 이빨과 솔기가 보이지 않는 반면 일반 노루발은 솔기가 벌어져서 지퍼 이빨이 보입니다.

임시 고정 도구   *지퍼 이빨과 슬라이더에 접착테이프나 접착제가 묻지 않도록 주의합니다.

시침실

시침실

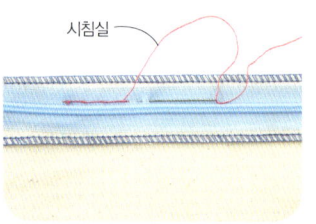

지퍼 테이프에 큰 땀으로 시침질하여 지퍼를 원단에 임시 고정합니다.

수예용 접착제

접착제

파우치 등을 만들 때 지퍼 테이프의 상단과 하단을 깔끔하게 처리하는 데 사용합니다.

접착테이프

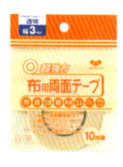

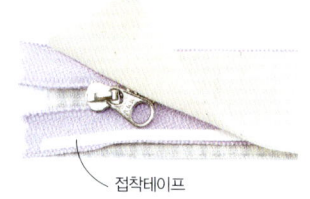

접착테이프

지퍼 테이프 가장자리에 붙여서 사용하는 접착테이프는 시침핀을 사용할 때보다 원단이 덜 움직입니다. 파우치나 가방 등 세탁을 자주 하지 않는 작품은 '원단용 양면테이프', 세탁할 작품은 '수용성 양면 접착테이프'나 '열접착 양면테이프'를 추천합니다. 시접 폭에 맞춰서 테이프(폭 3～6㎜)를 사용하는 것이 좋습니다.

지퍼 봉제법의 기본

지퍼를 박을 때 공통으로 해당하는 내용으로 이것만큼은 파악해야 하는 봉제법의 포인트입니다.

슬라이더는 옮기고 박는다

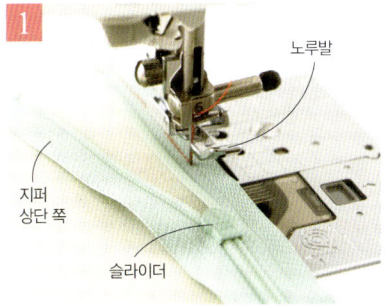

1 지퍼는 도중까지(반쯤) 연 상태에서 지퍼 상 단 쪽부터 봉제합니다. 슬라이더 앞에서 바늘을 내린 상태로 재봉틀을 멈추고 노루발을 올립니다.

노루발
지퍼 상단 쪽
슬라이더

2 지퍼 손잡이를 잡고 슬라이더를 노루발보다 더 안쪽으로 옮깁니다. 노루발에 닿아서 잘 옮겨지지 않는다면 원단을 조금 돌리면 됩니다.

손잡이

3 슬라이더를 노루발 안쪽으로 이동했습니다. 슬라이더는 사진처럼 노루발이 닿지 않는 곳까지 옮기는 것이 좋습니다.

슬라이더

4 노루발을 내리고 계속 봉제합니다.

봉제 시 주의점
|ıı|ıı|ıı|ıı|

지퍼 이빨과의 거리

지퍼를 여닫을 때는 슬라이더가 지나갈 수 있는 폭이 필요합니다. 슬리이더 바로 옆을 박으면 슬라이더를 움직일 때 원단이 끼거나 슬라이더가 잘 움직이지 않을 수도 있습니다. 원활하게 여닫을 수 있도록 양쪽에는 공간을 둡니다.

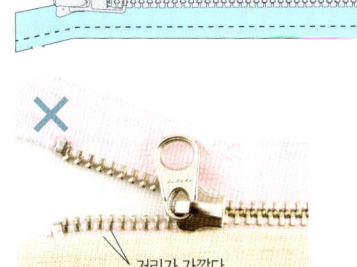

금속 지퍼(No.3)의 화살표 사이 간격은 1〜1.5cm

× 거리가 가깝다

막음쇠 접촉에 주의

비슬론® 지퍼나 코일 지퍼 등 합성수지로 된 막음쇠가 달린 지퍼는 노루발이나 톱니와 접촉하면 흠집이 날 때가 있습니다. 봉제할 때는 막음쇠에 닿지 않도록 주의합니다.

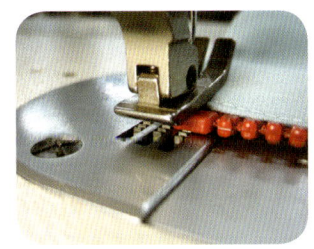

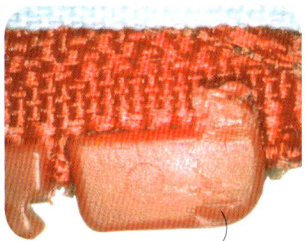

흠집이 생긴다

지퍼 상단과 하단 처리

지퍼 상단과 하단의 끝을 처리하는 방법도 다양합니다.

그대로 둔다

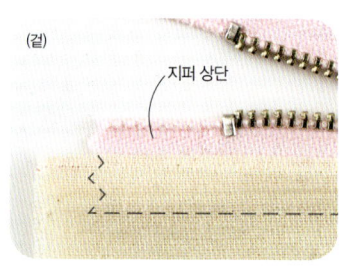
(겉)
지퍼 상단

알맞은 작품

지퍼 다는 방향
상단 막음쇠 쪽　　하단 막음쇠 쪽
앞판

오른손잡이는 몸 쪽에 작품의 앞판을 놓았을 때 왼쪽에 지퍼 머리가 와야 열기 쉽습니다. 왼손잡이는 오른손잡이와 반대입니다.

지퍼 상단과 하단을 그대로 두고 겉감과 안감 사이에 끼우는 방법으로, 테이프의 상단과 하단이 보입니다. 지퍼 끝에 다른 원단을 덧대거나 옆선을 박는 등 평면적인 작업을 할 때 알맞습니다.
Lesson p.21, p.37, p.39, p.41

세모로 접는다

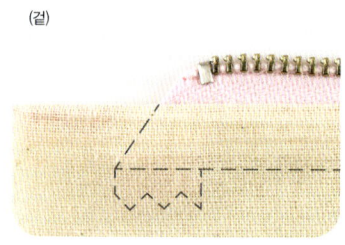
(겉)

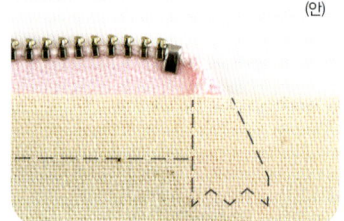
(안)

알맞은 작품

지퍼 상단과 하단을 세모로 접어서 겉감과 안감 사이에 끼우는 방법으로, 지퍼 테이프 끝이 원단 사이에 들어갑니다. 작품 몸판의 맨 위에 지퍼를 달 때 알맞습니다.
Lesson p.29, p.31

직각이 되도록 접는다

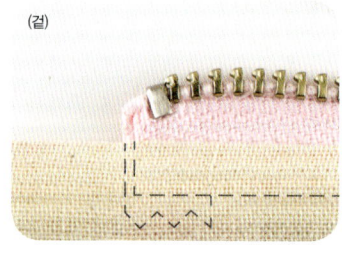
(겉)

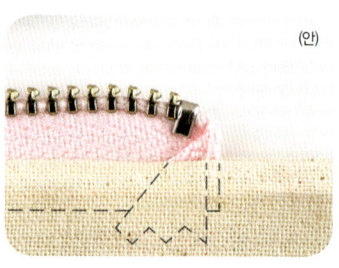
(안)

알맞은 작품

지퍼 상단과 하단을 두 번 접어서 직각이 되도록 겉감과 안감 사이에 끼우는 방법으로, 지퍼 테이프 끝이 원단 사이에 들어갑니다. 작품 몸판의 맨 위에 지퍼를 달 때 사용합니다.
Lesson p.33

지퍼 막음감으로 싼다

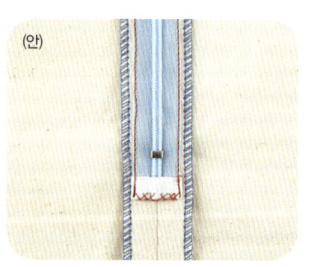
(안)

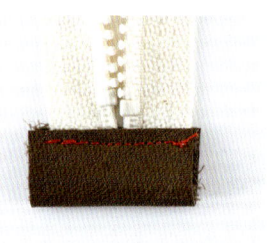

알맞은 작품

별도의 얇은 원단이나 가죽 등을 사용하여 지퍼 끝을 싸는 방법으로 원피스 등에 단 콘실® 지퍼의 끝 처리나 가방, 파우치 등의 지퍼를 튀어나오게 달 때 적합합니다.
Lesson p.25, p.35, p.47, p.58

안가방 달기

지퍼를 단 가방이나 파우치에 안가방을 다는 3가지 방법입니다.

1 겉감과 안감 사이에 끼워서 박는다

겉감과 안감을 겉끼리 맞댄 사이에 지퍼를 끼웁니다. 재봉틀로 안가방을 다는 가장 간단한 방법입니다.

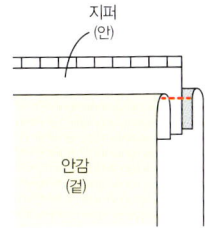

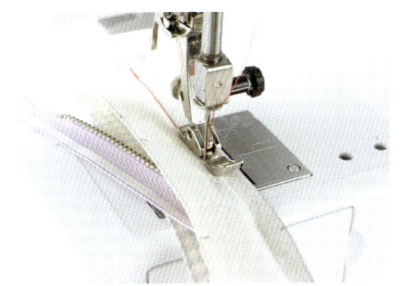

2 겉감에 감친다

겉가방과 안가방을 각각 따로 만들고, 안끼리 맞대어 지퍼 테이프에 감쳐서 다는 방법입니다. 마지막에 바느질로 고정하므로 어떤 가방이나 파우치에도 사용할 수 있습니다.

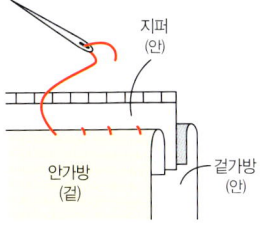

3 안감을 겹쳐서 박는다

겉감에 먼저 지퍼를 달고, 안감 시접을 접어서 지퍼에 겹친 뒤에 박는 방법입니다. 납작한 가방이나 파우치에는 사용할 수 없습니다.

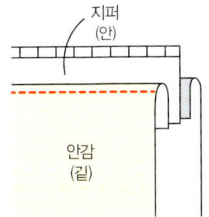

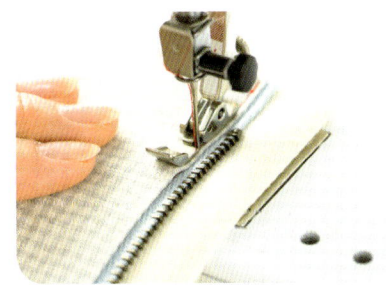

지퍼 손잡이에 구멍이 뚫려 있는 이유

지퍼 손잡이에 뚫린 구멍은 지퍼를 가볍게 하기 위해, 손잡이를 잡기 편히게 하기 위해 고안된 것입니다. 이 구멍에 끈을 끼우거나 장식을 달면 작품의 포인트가 됩니다.

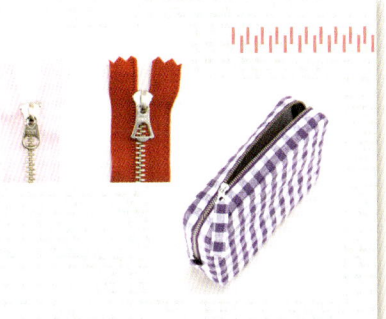

지퍼 취급법

기억해두면 유용하고 편리한 지퍼 취급 시 주의점입니다.

다림질법

합성수지로 만든 지퍼 이빨은 고온에 약하니 천을 덮어 다리는 것이 좋습니다.

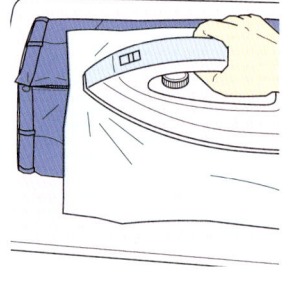

지퍼의 내열 온도

(작품 몸판에 사용하는 원단의 내열 온도에 주의)

종류	내열 온도
비슬론® 지퍼	130℃
코일 지퍼	160℃
콘실® 지퍼	160℃
플랫 니트® 지퍼	160℃

세탁법

지퍼를 닫아서 세탁

세탁기의 원심력은 지퍼에 강한 힘을 가합니다. 지퍼를 연 상태로 세탁하면 이 힘으로 지퍼 슬라이더가 빠지기도 하니 반드시 닫고 세탁합니다.

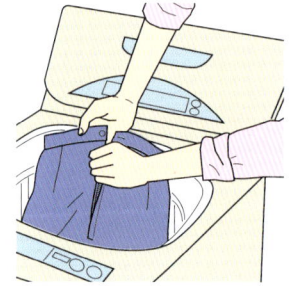

합성수지 지퍼는 세탁망을 사용

원피스에 달린 콘실® 지퍼처럼 손잡이가 도장된 지퍼는 세탁조와 마찰하여 도장이 벗겨지기도 하니 세탁망에 넣어서 세탁합니다.

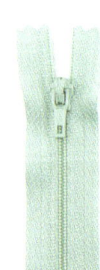

보관법

사용하기 전의 지퍼

습기가 적고 통풍이 잘되는 장소에 보관합니다.

주의점

✕ 사용하기 전인 지퍼를 둥근 고무 밴드로 묶어서 보관하면 고무 밴드에 포함된 황 성분이 지퍼의 금속과 반응하여 변색되기도 합니다. 종이끈을 이용해 지퍼를 묶어 보관하는 것이 좋습니다.

Step 2

파우치&가방에
지퍼 달기

Lesson

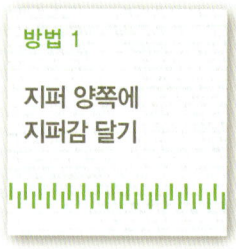

방법 1
지퍼 양쪽에 지퍼감 달기

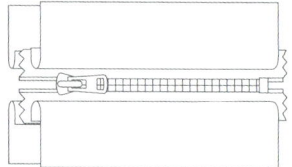

1. 지퍼를 지퍼감에 맞춰 딱 맞게 단다

딱 맞게 단다

a.
통옆판 파우치

겉지퍼감과 안지퍼감 사이에 지퍼 테이프를 끼우고 똑바로 박아서 다는 기본 봉제법을 활용한 이 파우치는 한 바퀴 빙 돌아 봉제합니다.

Design & make 고시젠 유카

Lesson p.21
How to make p.73

b.
바닥이 이어진 파우치

앞판, 뒤판, 바닥을 죽 이어 디자인한 이 파우치의 지퍼 다는 법은 통옆판 파우치와 같으며, 지퍼 손잡이에는 사용하기 편하도록 장식감을 달았습니다.

How to make p.74

추천 지퍼
금속 지퍼, 비슬론® 지퍼, 코일 지퍼

Lesson 지퍼 달기

*How to make…p.73
*알아보기 쉽게 작품과 다른 원단을 사용하고
 눈에 잘 띄는 색실로 봉제

1. 지퍼에 지퍼감을 단다

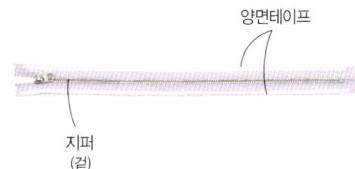

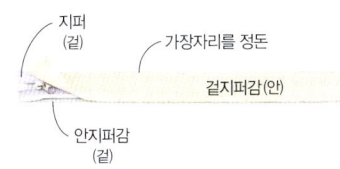

① 지퍼 테이프의 양 가장자리에 원단용 양면테이프
(폭 3㎜)를 겉쪽과 안쪽에 모두 붙입니다. 폭이 넓은
양면테이프는 바늘에 들러붙으므로 주의합니다.

② 위쪽부터 겉과 안에 붙인 양면테이프의 이형지를
벗기고, 지퍼 테이프의 가장자리와 겉지퍼감과 안지
퍼감의 가장자리를 겹칩니다.

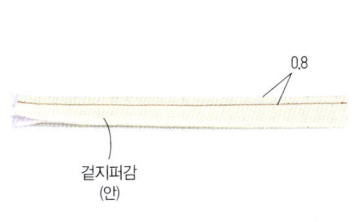

③ 지퍼감과 지퍼 테이프를 봉제합니다.

봉제법

슬라이더를 지퍼 가운데 부근까지 내린 상태로
박기 시작하여 슬라이더 앞에서 바늘을 내리고
재봉틀을 멈춥니다.

바늘을 박은 상태에서 노루발을 올리고 슬라이
더를 안쪽으로 옮깁니다. 다시 노루발을 내리고
계속해서 박습니다.

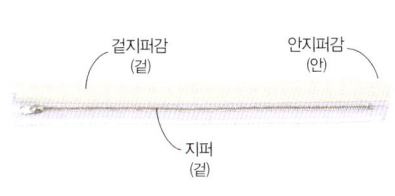

④ 겉지퍼감과 안지퍼감을 겉으로 뒤집습니다.

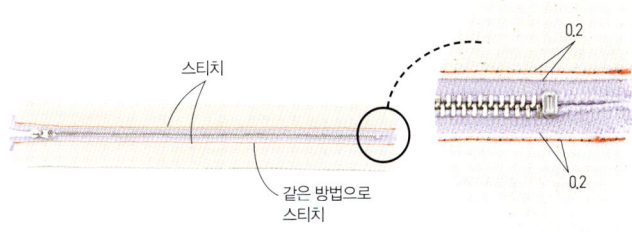

⑤ 반대쪽 양면테이프에도 같은 방법으로 겉지퍼감과 안지퍼감을
박습니다. 지퍼감을 겉으로 뒤집고, 양옆을 스티치합니다.

2. 태브를 만든다

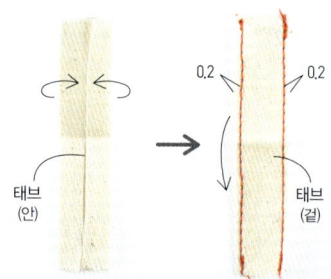

태브의 시접을 접어서 양 가장자리를 스티치해 보강합니다. 다시 안끼리 맞닿게 가로로 반을 접습니다. 총 2개를 만듭니다.

3. 지퍼감과 바닥을 박는다

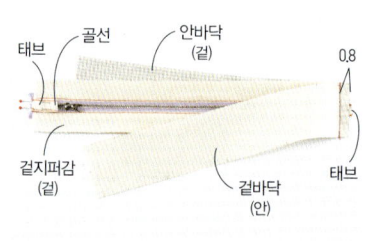

① 태브를 지퍼감 양 끝에 시침핀으로 고정합니다. 겉·안 바닥과 겉·안 지퍼감이 각각 겉끼리 맞닿도록 맞춰서 박습니다.

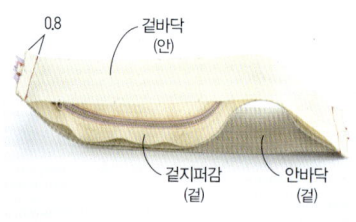

② 반대쪽도 같은 방법으로 지퍼감과 바닥을 연결합니다.

4. 지퍼감·바닥과 앞판을 박는다

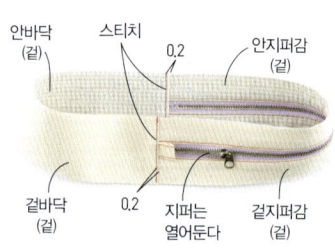

③ 겉으로 뒤집고, 시접을 바닥 쪽으로 넘겨서 스티치합니다.

① 지퍼감·바닥은 겉감의 곡선에 이을 시접에만 가위집을 촘촘하게 넣습니다.

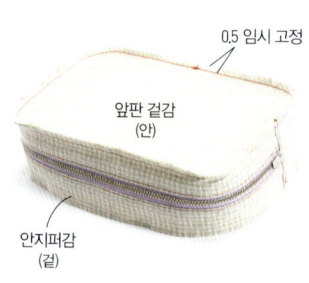

② 겉지퍼감·바닥과 앞판 겉감을 겉끼리 맞대고 임시 고정합니다.

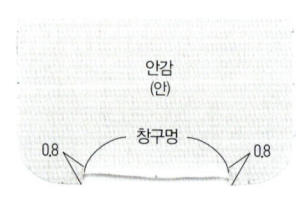

③ 앞·뒤판 안감 2장 모두 창구멍에 가위집을 넣고, 창구멍 시접을 안으로 접습니다.

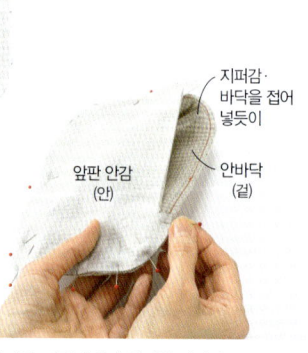

④ 안지퍼감·바닥과 앞판 안감을 겉끼리 맞대고 시침핀을 꽂습니다. 지퍼감·바닥을 안쪽으로 접어 넣듯이 맞대야 합니다.

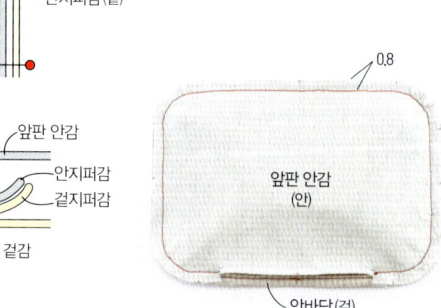

⑤ 안지퍼감·바닥과 앞판 안감을 봉제합니다.

5. 지퍼감·바닥과 뒤판을 박는다

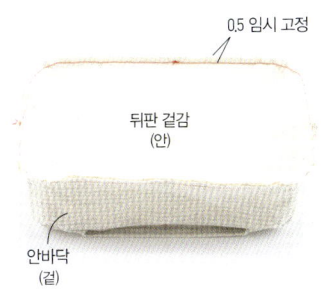

0.5 임시 고정

뒤판 겉감
(안)

안바닥
(겉)

① 안지퍼감·바닥·앞판을 사진처럼 뒤집습니다. 봉제하지 않은 쪽의 겉지퍼감과 뒤판 겉감을 겉끼리 맞대고 임시 고정합니다. 지퍼는 열어둡니다.

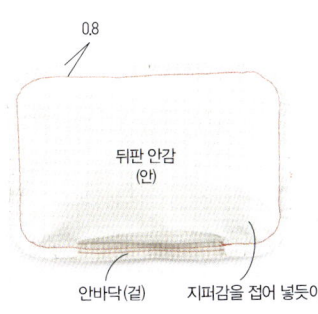

⑥ 창구멍을 통해서 겉으로 뒤집고, 모양을 정리합니다.

창구멍

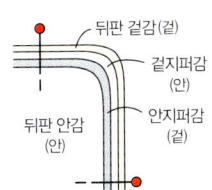

안지퍼감(겉)

앞판 안감
(겉)

창구멍

겉바닥
(겉)

⑦ 사진처럼 지퍼감·바닥의 한쪽에 앞판 겉감·안감을 이었습니다.

0.8

뒤판 안감
(안)

안바닥(겉)   지퍼감을 접어 넣듯이

② ①을 뒤집어서, ①에서 임시 고정한 솔기에 뒤판 안감을 겹치고 박습니다. 앞판과 지퍼감·바닥은 안쪽으로 접어 넣듯이 하여 뒤판 안감을 봉제합니다.

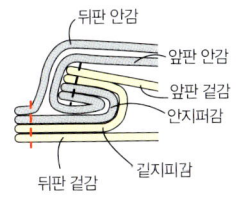

뒤판 겉감(겉)

겉지퍼감
(안)

안지퍼감
(겉)

뒤판 안감
(안)

뒤판 안감

앞판 안감

앞판 겉감

안지퍼감

겉지퍼감

뒤판 겉감

---

6. 창구멍을 막는다

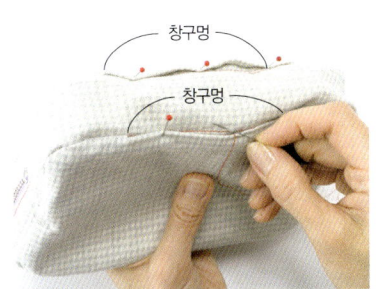

창구멍

창구멍

① 창구멍을 통해서 겉으로 뒤집고, 창구멍 두 곳을 ㄷ자 감치기로 깔끔하게 막습니다.
※ㄷ자 감치기(p.72)

---

7. 손잡이에 장식을 단다

② 겉으로 뒤집은 모습입니다.

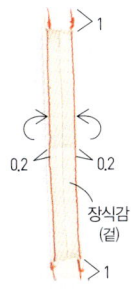

1

0.2   0.2

장식감
(겉)

1

① 장식감 시접을 접어서 양 가장자리를 스티치하는데, 위아래 시접은 1cm로 접습니다.

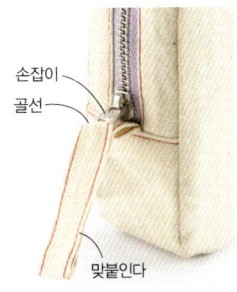

손잡이

골선

맞붙인다

② 지퍼 손잡이 구멍에 장식감을 끼우고 수예용 접착제로 맞붙입니다.

완성

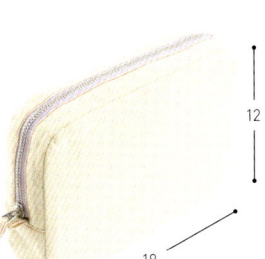

12

18

4

2. 지퍼를 지퍼감에서 튀어나오게 단다

튀어나오게 단다

c.
토트백

지퍼감에서 지퍼가 튀어나오게 다는 디자인이며, 슬라이더를 옮기지 않고 지퍼감 한쪽 끝에서 다른 쪽 끝까지 박을 수 있어서 지퍼 달기가 간단합니다.

Design & make 아오야마 게이코

Lesson p.25
How to make p.76

추천 지퍼

금속 지퍼, 비슬론® 지퍼

Lesson 지퍼 달기

*How to make…p.76
*알아보기 쉽게 작품과 다른 원단을 사용하고
 눈에 잘 띄는 색실로 봉제

1. 안주머니를 단다

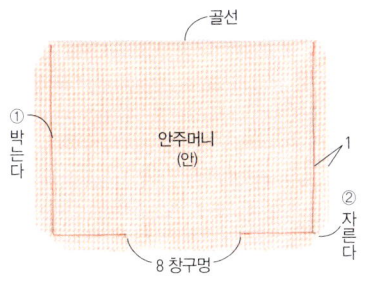

골선

①박는다

안주머니
(안)

1

②자른다

8 창구멍

① 안주머니를 겉끼리 맞닿게 반으로 접어서 창구멍을 남기고 박습니다. 모서리 시접은 사진처럼 비스듬하게 자릅니다.

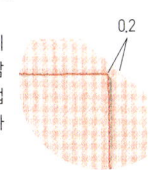

0.2

골선   0.2

0.2

안주머니
(겉)

② 안주머니를 겉으로 뒤집고, 주머니 입구에 티롤리안 테이프를 박습니다. 티롤리안 테이프 끝은 안쪽으로 접어 넣습니다.

2. 지퍼에 지퍼감을 단다

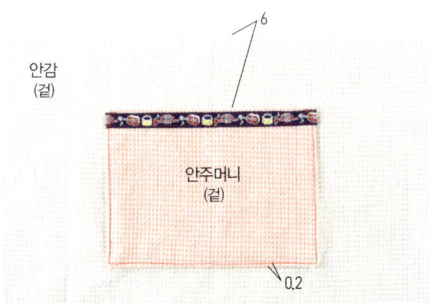

안감
(겉)

6

안주머니
(겉)

0.2

③ 안감에 안주머니를 답니다.

④ 주머니 입구 양 끝은 사진처럼 세모꼴로 박아 보강합니다.

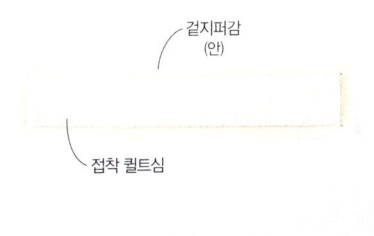

겉지퍼감
(안)

접착 퀼트심

① 겉지퍼감 안쪽에 접착 퀼트심을 붙입니다. 접착 퀼트심은 접착제가 발라진 면을 위로 오게 놓고, 그 위에 천을 놓려 지온∼/준온으로 다려서 붙입니다.

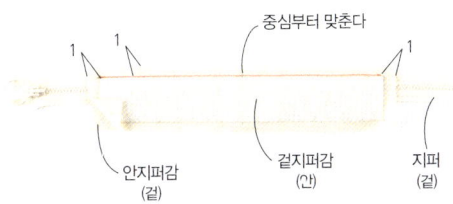

중심부터 맞춘다

1   1   1

안지퍼감
(겉)

겉지퍼감
(안)

지퍼
(겉)

② 지퍼와 겉·안 지퍼감의 중심을 맞추고 박습니다.

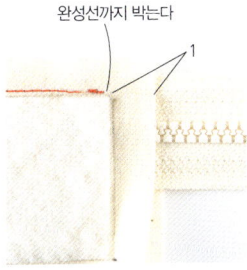

완성선까지 박는다

1

③ 양 끝은 완성선까지 박습니다. 지퍼가 지퍼감에서 튀어나와 있으니 지퍼를 닫은 상태로 지퍼감 끝에서 끝까지 박을 수 있습니다.

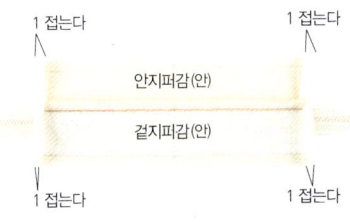

1 접는다   1 접는다

안지퍼감(안)

겉지퍼감(안)

1 접는다   1 접는다

④ 양 끝 시접을 접고, 안지퍼감을 세웁니다.

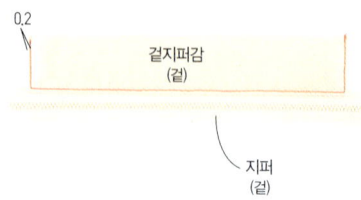

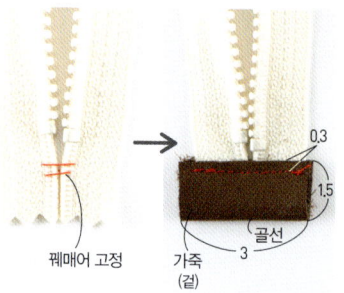

⑤ 겉·안 지퍼감을 안끼리 맞대고, 세 변을 스티치합니다.

⑥ 같은 방법으로 반대쪽 지퍼 테이프에도 겉·안 지퍼감을 답니다. 양쪽 지퍼감 위치가 어긋나지 않도록 주의합니다.

⑦ 지퍼 양 끝을 가죽으로 감싸고 마무리합니다. 상단 막음쇠 쪽은 손바느질로 지퍼 테이프를 꿰매면 가죽 다는 일이 수월합니다.

3. 손잡이를 만들어서 겉감에 단다

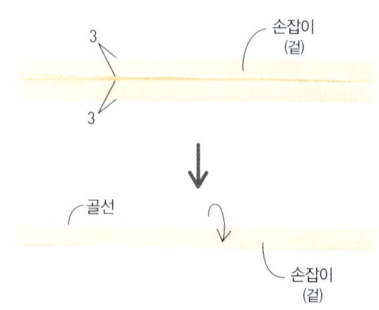

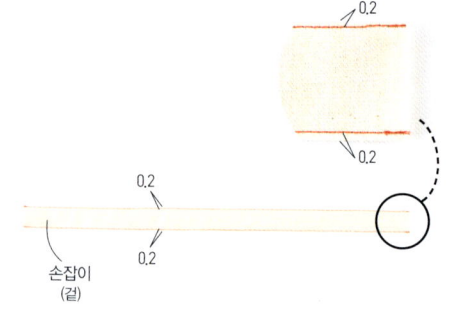

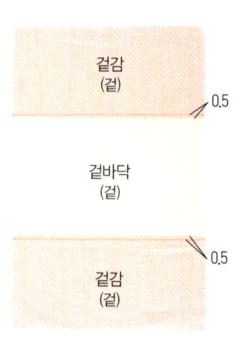

① 손잡이 중심을 향해 양 가장자리를 접고, 다시 반으로 접습니다.

② 손잡이 양 가장자리를 스티치합니다. 두 줄을 스티치한 모습입니다.

③ 겉감과 겉바닥을 겉끼리 맞대어 박고, 시접을 겉감 쪽으로 넘겨서 스티치합니다.

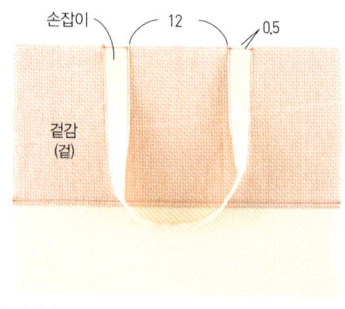

4. 안감에 지퍼감과 가방 입구감을 단다

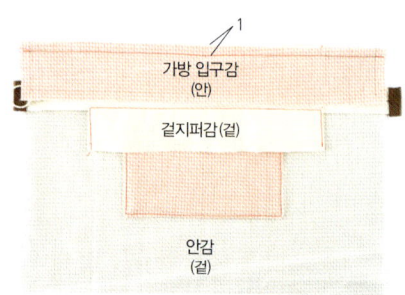

④ 겉감·겉바닥의 안쪽에 접착 퀼트심을 붙입니다.

⑤ 겉감의 가방 입구에 손잡이를 임시 고정합니다. 반대쪽 겉감에도 같은 방법으로 손잡이를 임시 고정합니다.

① 안감(겉)에 겉지퍼감이 위가 되도록 지퍼감을 겹치고, 그 위에 가방 입구감을 겉끼리 맞대어 박습니다.

5. 겉감과 가방 입구감을 박는다

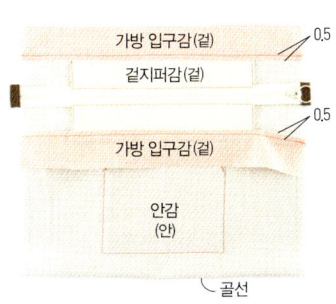

② 반대쪽도 같은 방법으로 안감에 지퍼감과 가방 입구감을 박습니다. 시접은 가방 입구감 쪽으로 넘겨서 스티치합니다.

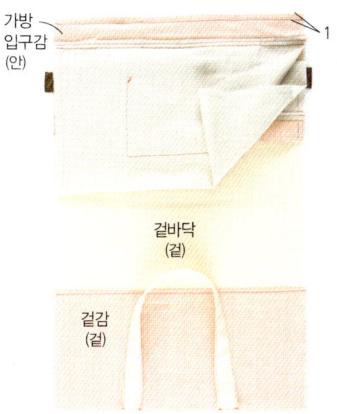

① 겉감과 가방 입구감을 겉끼리 맞대고 가방 입구를 박습니다.

② 반대쪽도 겉감과 가방 입구감을 겉끼리 맞대고, 같은 방법으로 박습니다.

6. 옆선과 바닥 폭을 박는다

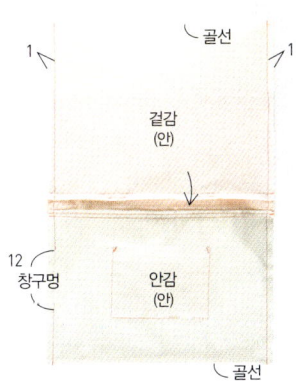

① 겉감·안감을 각각 겉끼리 맞댑니다. 가방 입구 시접은 가방 입구감 쪽으로 넘기고, 안감 한쪽에 창구멍을 남기고 옆선을 박습니다. 시접은 가름솔로 처리합니다.

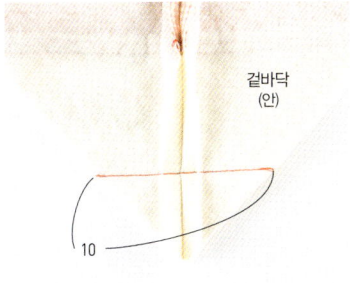

② 옆선과 바닥을 맞대듯이 사진처럼 접어서 바닥 폭을 박습니다. 나머지 모서리 세 곳도 같은 방법으로 박습니다. 모서리의 삼각 시접은 일정 여유분을 두고 잘라내야 겉에서 봤을 때 깔끔합니다.

7. 마무리한다

① 창구멍을 통해서 겉으로 뒤집고, 모양을 정리하여 가방 입구를 깔끔하게 스티치합니다.

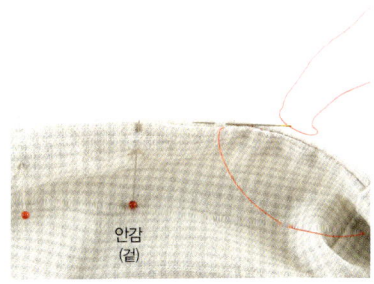

② 안감 창구멍을 시침핀으로 임시 고정하여 ㄷ자 감치기로 막습니다.
※ㄷ자 감치기(p.72)

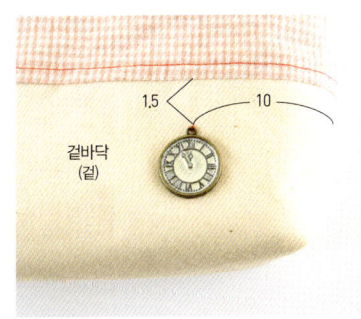

③ 앞판에 참장식을 손바느질로 답니다.

완성

27

몸판에 직접
지퍼 달기

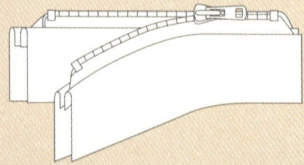

1. 몸판 맨 위쪽에 지퍼를
   직선으로 단다

직선으로 단다

d.
바깥주머니 달린 파우치

지퍼를 몸판에 직선으로 다는 기본형 납작 파우치
입니다. 몸판 맨 위쪽에 지퍼를 다는 것이라서 지퍼
양 끝의 처리법이 핵심입니다.

Design & make 아오야마 게이코

Lesson p.29
How to make p.79

추천 지퍼

금속 지퍼, 비슬론® 지퍼, 에프론® 지퍼, 플랫 니트® 지퍼

Lesson 지퍼 달기

＊How to make…p.79
＊알아보기 쉽게 작품과 다른 원단을 사용하고
눈에 잘 띄는 색실로 봉제

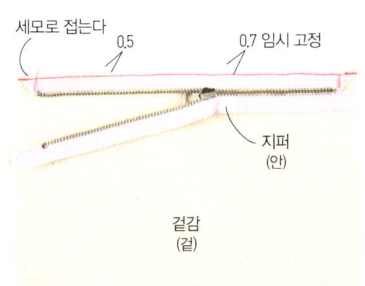

세모로 접는다 0.5 0.7 임시 고정
지퍼
(안)
겉감
(겉)

① 겉감과 지퍼를 겉끼리 맞댑니다. 지퍼를 겉감 가장자리에서 0.5㎝ 떨어뜨리고, 지퍼 상단과 하단은 막음쇠 위치에서 세모로 접어서 임시 고정합니다.

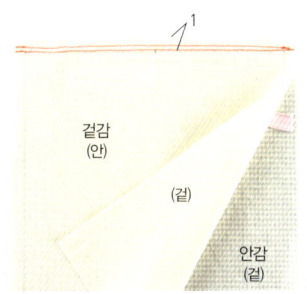

1
겉감
(안)
(겉)
안감
(겉)

② 겉감과 안감을 겉끼리 맞대고 가장자리를 맞춰서 박습니다.

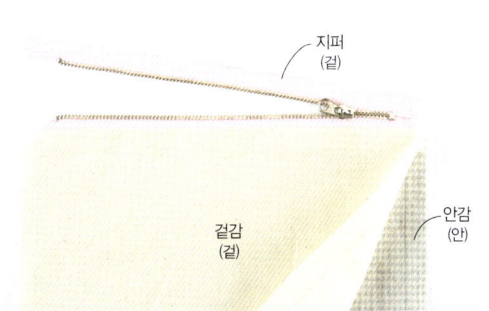

지퍼
(겉)
겉감
(겉)
안감
(안)

③ 겉으로 뒤집어서 모양을 정리합니다.

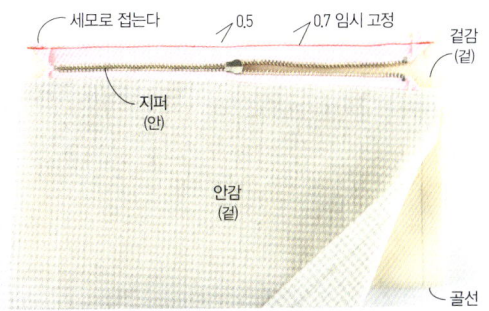

세모로 접는다 0.5 0.7 임시 고정 겉감 (겉)
지퍼
(안)
안감
(겉)
골선

④ 겉감을 겉끼리 맞닿게 접고, 반대쪽 지퍼 테이프와 겉감을 겉끼리 맞대어 임시 고정합니다. 지퍼는 겉감 가장자리에서 0.5㎝ 정도 간격을 띄웁니다.

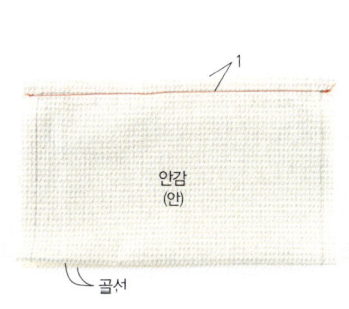

1
안감
(안)
골선

⑤ 안감도 겉끼리 맞닿게 접고, 겉감과 안감 가장자리를 맞추어 박습니다. 지퍼는 열어둡니다.

옆에서
보면

안감
(안)
골선
골선

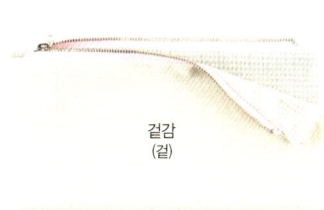

겉감
(겉)

⑥ 겉으로 뒤집으면 맨 위쪽에 지퍼가 직선으로 달려 있습니다.
※이후의 만드는 법→p.79

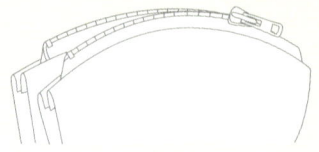

2. 지퍼를 곡선에 맞춰서 단다

곡선에
맞춰서 단다

e.
미니 파우치

둥글둥글한 모양이 귀여운 손바닥 크기 파우치랍니다.
몸판의 완만한 곡선에 맞춰 시침핀을 촘촘하게 꽂아 바
느질하는 것이 포인트입니다.

Design & make 아오야마 게이코

Lesson p.31
How to make p.81

추천 지퍼
플랫 니트® 지퍼

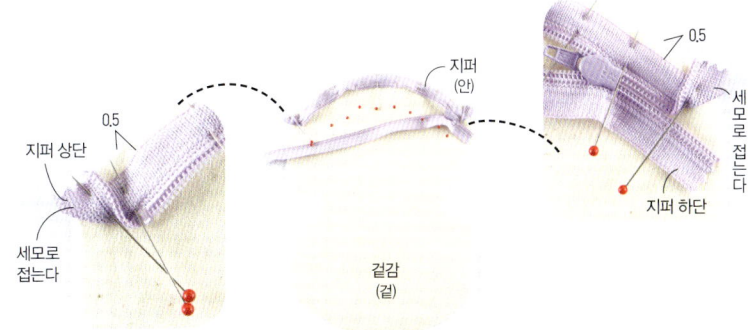

*How to make…p.81
*알아보기 쉽게 작품과 다른 원단을 사용하고
 눈에 잘 띄는 색실로 봉제

① 겉감과 지퍼를 겉끼리 맞대고 시침핀
을 촘촘하게 꽂습니다. 지퍼는 원단 가장
자리에서 0.5cm 떨어뜨리고, 지퍼 상단과
하단을 막음쇠 위치에서 사진처럼 세모
로 접습니다.

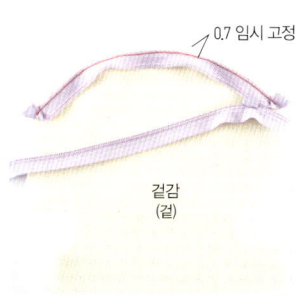

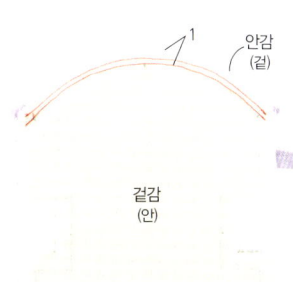

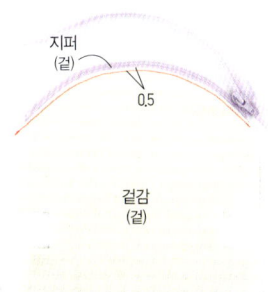

② 지퍼를 겉감에 임시 고정합니다.

③ 겉감과 안감을 겉끼리 맞대고 지퍼를
끼워서 가장자리를 맞춘 다음 박습니다.

지퍼가 울지 않도록 손으로
꽉 누르면서 박습니다.

④ 겉으로 뒤집어서 모양을 정리하고 스티치
합니다.

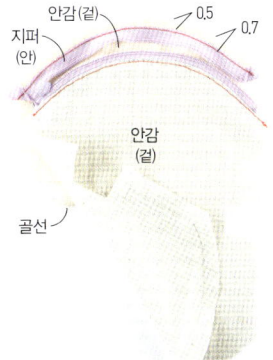

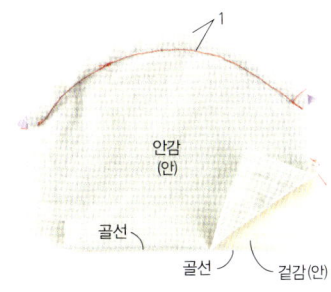

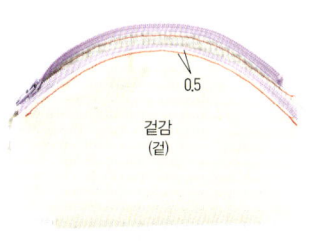

⑤ 반대쪽 지퍼 테이프도 같은 방법으로 겉감에 지퍼
를 임시 고정합니다.

⑥ 겉감과 안감을 겉끼리 맞대고 가장자리를 맞춘 다음
곡선을 살려가면서 박습니다.

⑦ 겉으로 뒤집고 스티치합니다.
※이후의 만드는 법→p.81

31

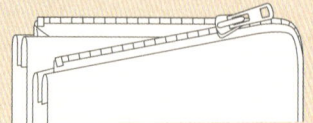

3. 지퍼를 직각으로 구부려서 단다

곡선으로
구부려서 단다

f.
지갑

동전용 주머니가 달린 미니 지갑입니다.
굴곡이 심한 곡선에 지퍼를 달아야 한다
면 지퍼 테이프에 가위집을 넣어야 합니
다. 지퍼 테이프 양 끝은 겉감과 안감 사이
에 숨겨지도록 접습니다.

Design & make 고시젠 유카

Lesson p.33
How to make p.83

추천 지퍼
금속 지퍼, 에프론® 지퍼, 플랫 니트® 지퍼

Lesson 지퍼 달기

*How to make···p.83
*알아보기 쉽게 작품과 다른 원단을 사용하고 눈에 잘 띄는 색실로 봉제

① 지퍼 테이프의 상단 막음쇠를 꼭짓점으로 삼고 직각이등변삼각형 모양으로 수예용 접착제를 바릅니다.

② 상단 막음쇠에서 지퍼 상단을 겉쪽으로 접고 헤라를 이용해 다시 수예용 접착제를 바릅니다.

③ 지퍼 상단을 세모로 접고, 접착제가 마를 때까지 집게 등으로 고정합니다.

④ 나머지 모서리도 ①~③과 같은 방법을 이용하여 작업합니다.

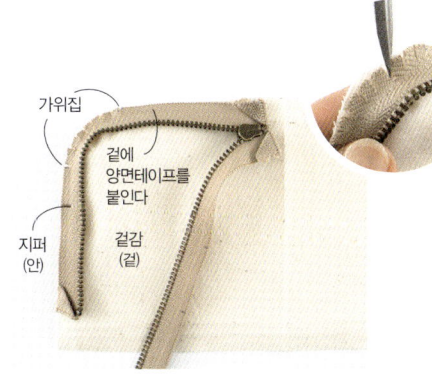

⑤ 지퍼 테이프 가장자리에 원단용 양면테이프(폭 3mm)를 붙이고, 겉감과 지퍼 테이프를 겉끼리 맞댑니다. 곡선이 되는 지퍼 테이프에 촘촘하게 가위집을 넣습니다.

⑥ 지퍼 끝부터 시작하여 송곳으로 곡선을 눌러가며 울지 않도록 박습니다.

⑦ 도중에 바늘을 내린 상태로 재봉틀을 멈추고, 노루발을 올려 슬라이더를 안쪽으로 밀고 계속해서 박습니다.

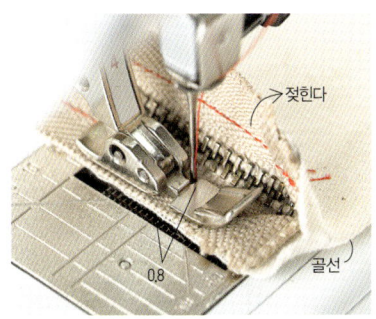

⑧ 반대쪽 지퍼 테이프도 겉감과 겉끼리 맞대고 박습니다. 옆선은 겉감이 '골선'이라 접혀 있어 봉제하기 어렵지만, 겉감을 젖히면서 지퍼 테이프 끝까지 박습니다.

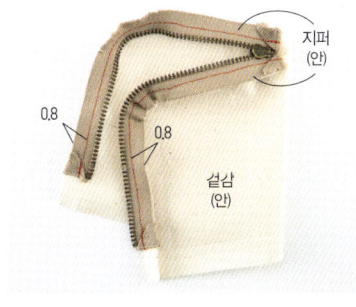

⑨ 지퍼를 겉감에 단 모습입니다.

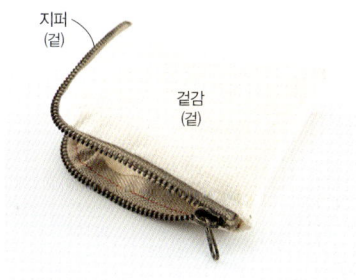

⑩ 옆선과 지퍼감을 박아 겉으로 뒤집은 모습입니다. 곡선의 굴곡이 심해도 지퍼가 깔끔하게 달렸습니다.
※이후의 만드는 법→p.83

4. 지퍼를 몸판에서 튀어나오게 단다

튀어나오게 단다

g.
와이어 프레임 크로스백

지퍼를 겉감과 안감 사이에 끼워서 박을 때 자연
스럽게 돌출되는 디자인입니다. 가방 입구가 활짝
열리는 와이어 프레임을 사용하는 가방에 적합합
니다.

Design & make 아오야마 게이코

Lesson p.35
How to make p.85

추천 지퍼

금속 지퍼, 비슬론® 지퍼, 에프론® 지퍼, 플랫 니트® 지퍼

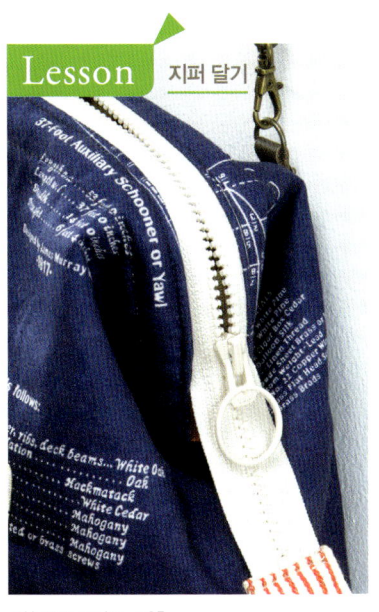

* How to make…p.85
* 알아보기 쉽게 작품과 다른 원단을 사용하고
  눈에 잘 띄는 색실로 봉제

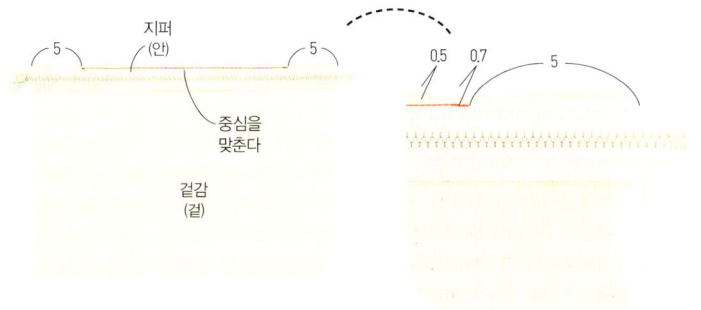

① 겉감과 지퍼 테이프를 겉끼리 맞대고 중심을 맞춰서
양옆 5㎝를 남기고 박습니다.

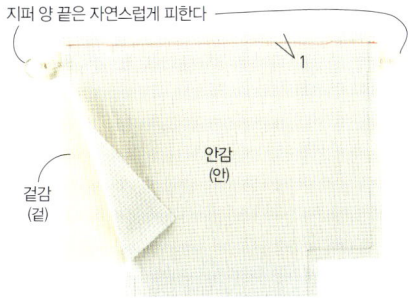

② 안감과 겉감을 겉끼리 맞대고 가장자리를 맞춥니다. 박고 남은
지퍼를 자연스럽게 피하며 가방 입구를 박습니다.

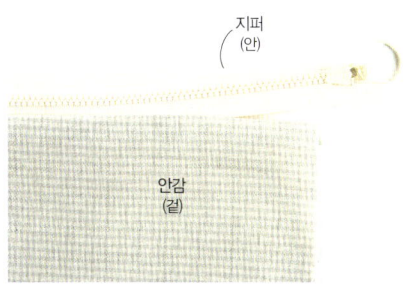

③ 겉으로 뒤집고 다려서 모양을 정리합니다. 여분의 지퍼가 튀어
나옵니다.

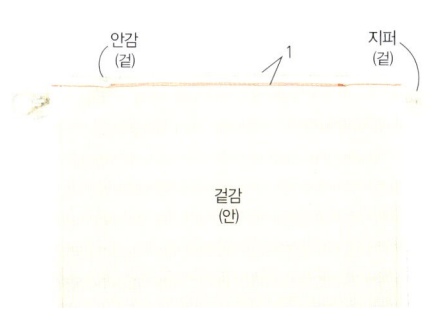

④ 반대쪽 지퍼 테이프도 같은 방법으로 겉감과 안감을 박습니다.

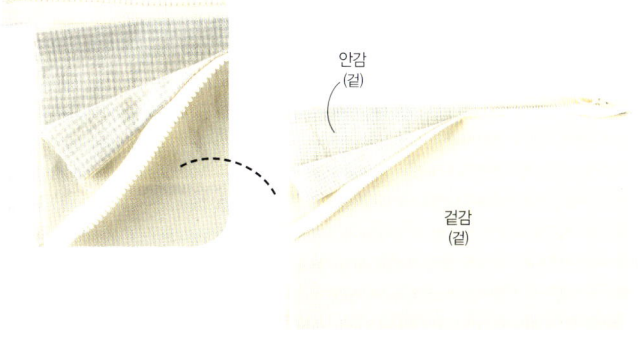

⑤ 겉으로 뒤집습니다. 양 끝의 지퍼 테이프가 자연스럽게
돌출됩니다.
※이후의 만드는 법→p.85

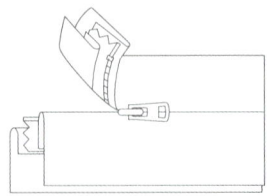

방법 3
지퍼 이빨을
숨겨서 달기

1. 겉감을 맞붙여서 지퍼 이빨을
   숨긴다

맞붙여서 숨긴다

h.
필통

지퍼 이빨이 보이지 않도록 겉감을 지퍼 중
심에서 맞붙인 필통입니다. 안필통을 따로 만
들어 필통 입구에 맞추고 감침질로 답니다.

Design & make 고시젠 유카

Lesson p.37
How to make p.89

추천 지퍼
금속 지퍼, 비슬론® 지퍼, 에프론® 지퍼, 플랫 니트® 지퍼

Lesson 지퍼 달기

＊How to make…p.89
＊알아보기 쉽게 작품과 다른 원단을 사용하고
　눈에 잘 띄는 색실로 봉제

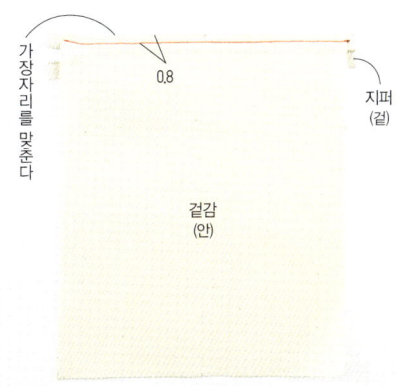

가장자리를 맞춘다

0.8

지퍼
(겉)

겉감
(안)

① 지퍼 테이프와 겉감을 겉끼리 맞대고, 가장자리를 맞춰서
박습니다.

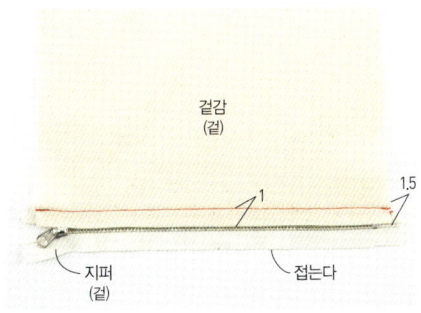

겉감
(겉)

1

1.5

지퍼
(겉)

접는다

② 겉감을 완성선에서 접고, 스티치합니다.

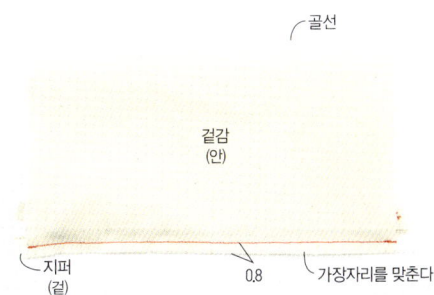

골선

겉감
(안)

지퍼
(겉)

0.8

가장자리를 맞춘다

③ 지퍼의 반대쪽 테이프와 겉감을 겉끼리 맞대고, 가장자리를 맞춰서
박습니다.

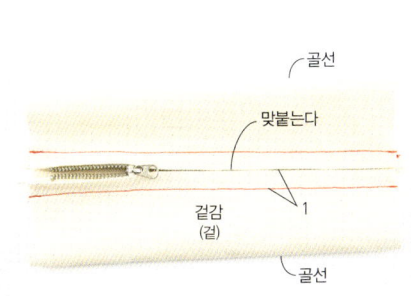

골선

맞붙인다

겉감
(겉)

1

골선

④ 겉감을 완성선에서 접고, 스티치합니다. 지퍼 숭심에시 겉감이
맞붙여져서 지퍼 이빨이 숨은 모습입니다.
※이후의 만드는 법→p.89

안필통 달기

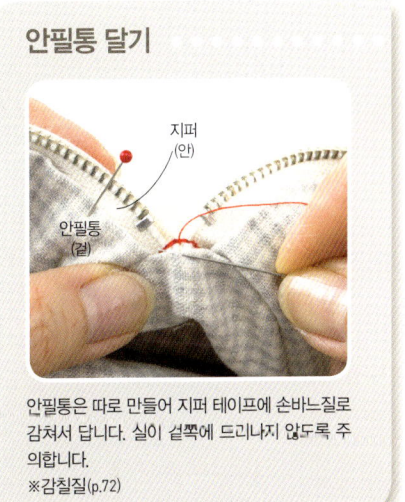

지퍼
(안)

안필통
(겉)

안필통은 따로 만들어 지퍼 테이프에 손바느질로
감쳐서 답니다. 실이 겉쪽에 드러나지 않도록 주
의합니다.
※감칠질(p.72)

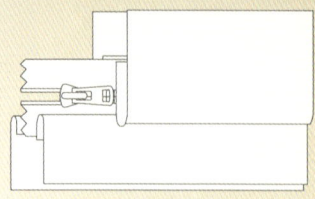

2. 지퍼 한쪽에 원단을 덮어서
   지퍼 이빨을 숨긴다

덮어서 숨긴다

i.
크로스백

위쪽 겉감을 지퍼 이빨에 덮듯이 지퍼를 단
크로스백인데, 뚜껑 쪽에 접음선을 표시하고
작업합니다.

Design & make 고시젠 유카

Lesson p.39
How to make p.91

추천 지퍼
금속 지퍼, 비슬론® 지퍼, 에프론® 지퍼, 플랫 니트® 지퍼

Lesson 지퍼 달기

* How to make…p.91
* 알아보기 쉽게 작품과 다른 원단을 사용하고 눈에 잘 띄는 색실로 봉제

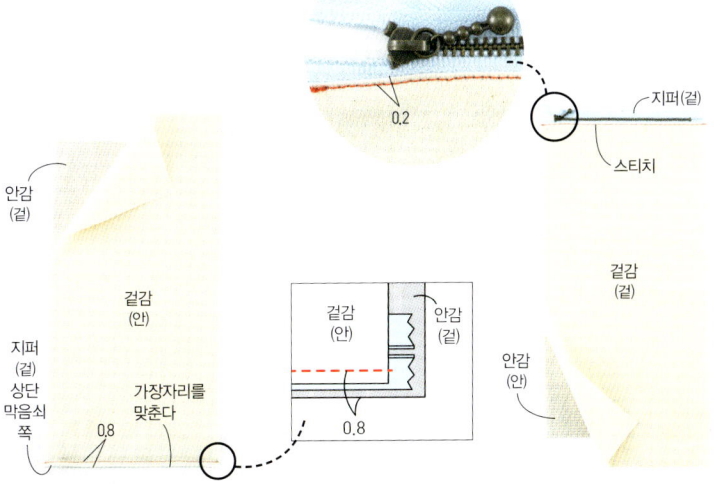

안감
(겉)

겉감
(안)

지퍼
(겉)
상단
막음쇠
쪽

0.8

가장자리를
맞춘다

겉감
(안)

안감
(겉)

0.8

지퍼(겉)

스티치

겉감
(겉)

안감
(안)

0.2

① 지퍼 상단 막음쇠 쪽이 왼쪽에 오도록 놓고, 겉감과 안감 사이에 지퍼 테이프를 끼워서 박습니다. 지퍼 테이프 가장자리와 겉감·안감 가장자리를 맞춥니다.

② 겉감과 안감을 겉으로 뒤집고, 접음선 바로 옆을 스티치합니다.

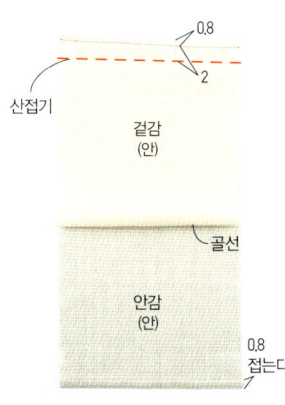

0.8
2

산접기

겉감
(안)

골선

안감
(안)

0.8
접는다

③ 겉감의 뚜껑 입구의 접히는 부분과 안감 시접에 접음선을 표시합니다. 겉감과 지퍼를 겉끼리 맞대고 박습니다.

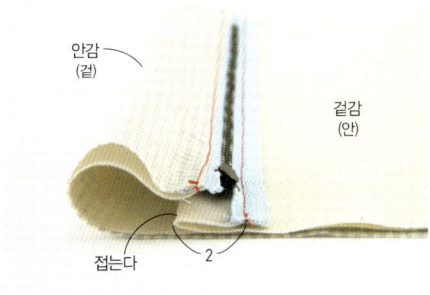

안감
(겉)

겉감
(안)

접는다

2

④ 뚜껑 입구를 접어서 모양을 정리합니다.

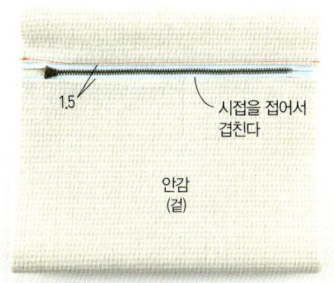

1.5

시접을 접어서
겹친다

안감
(겉)

⑤ 안감의 접음선을 ③의 솔기에 겹칩니다.

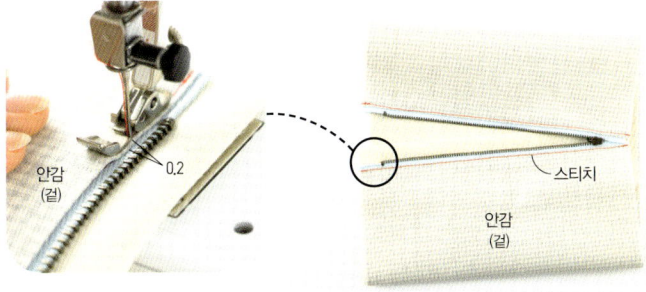

안감
(겉)

0.2

스티치

안감
(겉)

⑥ 안감을 위로 놓고 뚜껑 쪽을 스티치합니다.

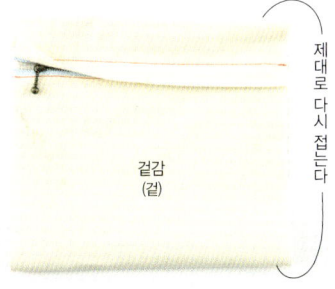

제대로 다시 접는다

겉감
(겉)

⑦ 겉으로 뒤집고, 모양을 매만져 다시 제대로 접습니다.
※이후의 만드는 법→p.91

주머니 입구에 지퍼 달기

1. 겉감에 가위집을 넣어
   주머니를 만든다

가위집을 넣어서
단다

j.
주머니 토트백

지퍼를 단 주머니는 겉감에 알맞게 가위집을 넣고 순서대로
작업하면 의외로 간단합니다.

Design & make 고시젠 유카

Lesson p.41
How to make p.93

추천 지퍼

금속 지퍼, 비슬론® 지퍼, 에프론® 지퍼, 플랫 니트® 지퍼

* How to make…p.93
* 알아보기 쉽게 작품과 다른 원단을 사용하고
  눈에 잘 띄는 색실로 봉제

Lesson 지퍼 달기

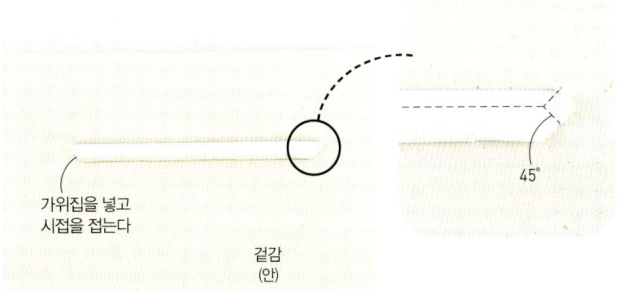

가위집을 넣고
시접을 접는다

겉감
(안)

45°

① 겉감의 주머니 다는 위치에 가위집을 넣습니다. 양 끝은 Y자 모양으로 자르고, 모서리는 45°로 가위집을 깊게 넣습니다. 다려서 완성선대로 접음선을 표시합니다.

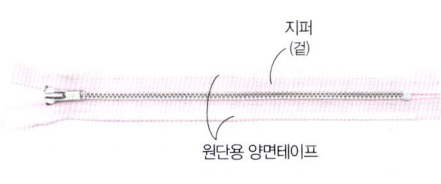

지퍼
(겉)

원단용 양면테이프

② 지퍼 테이프의 양 가장자리에 원단용 양면테이프(폭 3㎜)를 붙입니다. 안쪽에도 붙입니다.

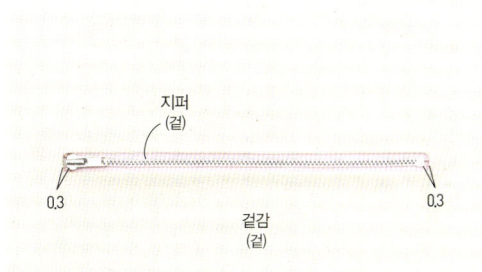

지퍼
(겉)

0.3   0.3

겉감
(겉)

③ 겉감의 지퍼 다는 위치에 양면테이프 이형지를 벗겨내고 지퍼를 안쪽에서 붙입니다.

주머닛감
(안)

겉감
(안)

가장자리를 맞춘다

④ 지퍼 테이프의 하단에 주머닛감 가장자리를 맞춰서 붙입니다.

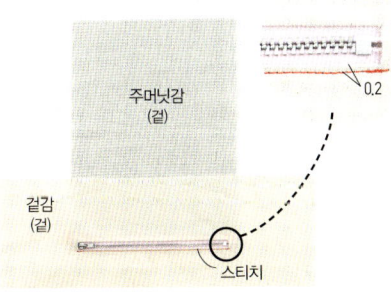

주머닛감
(겉)

0.2

겉감
(겉)

스티치

⑤ 겉쪽에서 주머니 입구의 아래쪽 바로 옆을 스티치하고, 겉감·지퍼·주머닛감을 합봉합니다.

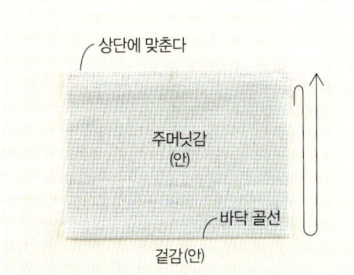

상단에 맞춘다

주머닛감
(안)

바닥 골선

겉감(안)

⑥ 주머닛감을 바닥에서 겉끼리 맞닿게 반으로 접고, 지퍼 테이프의 상단에 주머닛감 가장자리를 맞춰서 붙입니다.

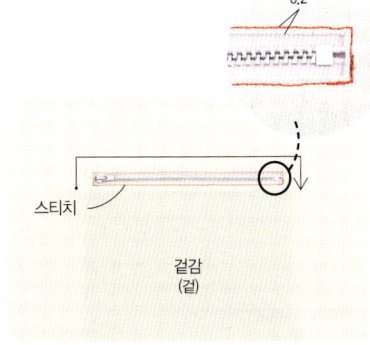

0.2

스티치

겉감
(겉)

⑦ 겉쪽에서 주머니 입구 양옆과 위쪽 바로 옆을 ㄷ자 모양으로 스티치해서 보강합니다.

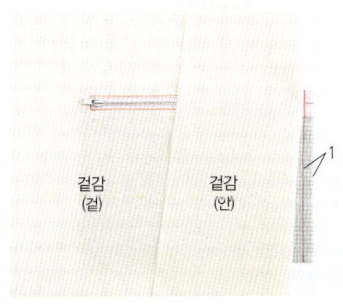

겉감
(겉)

겉감
(안)

1

⑧ 겉감을 젖히고, 주머니 옆선을 박습니다.

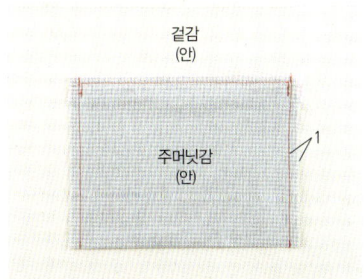

겉감
(안)

주머닛감
(안)

1

⑨ 반대쪽도 같은 방법으로 박습니다. 가위집을 넣어 지퍼를 단 주머니를 완성한 모습입니다.
※이후의 만드는 법→p.93

2. 한쪽 테이프를 몸판에 달아서
   주머니를 만든다

몸판에 단다

k.
주머니 크로스백

지퍼 테이프를 겉감과 주머닛감에 각각 한
쪽씩 달아서 가방 앞판을 사용한 주머니를
만들었습니다.

Design & make 아오야마 게이코

Lesson p.43
How to make p.96

추천 지퍼

금속 지퍼, 비슬론® 지퍼, 에프론® 지퍼, 플랫 니트® 지퍼

Lesson 지퍼 달기

* How to make…p.96
* 알아보기 쉽게 작품과 다른 원단을 사용하고
  눈에 잘 띄는 색실로 봉제

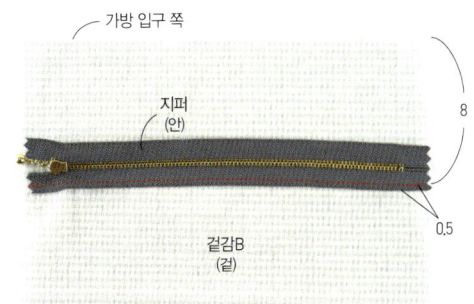

① 겉감B와 지퍼를 겉끼리 맞대어 지퍼 다는 위치에 박습니다.

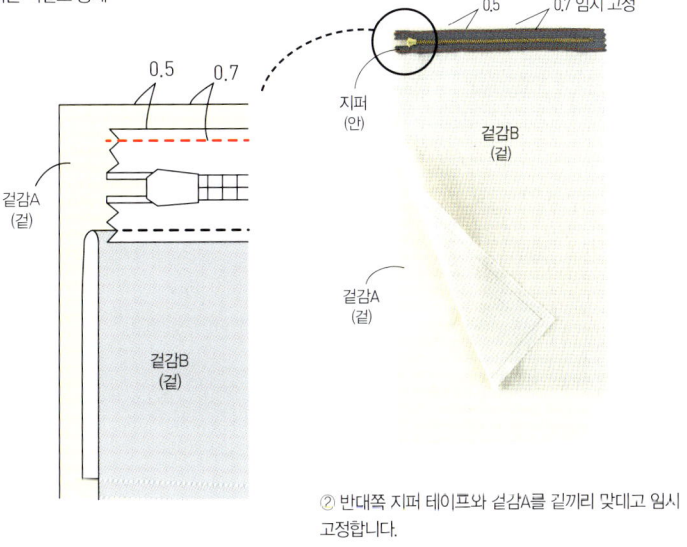

② 반대쪽 지퍼 테이프와 겉감A를 겉끼리 맞대고 임시
고정합니다.

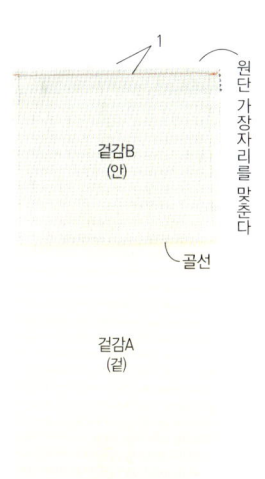

③ 겉감R를 겉끼리 맞대고, 겉감A와 가장자리를 맞춰서
박습니다.

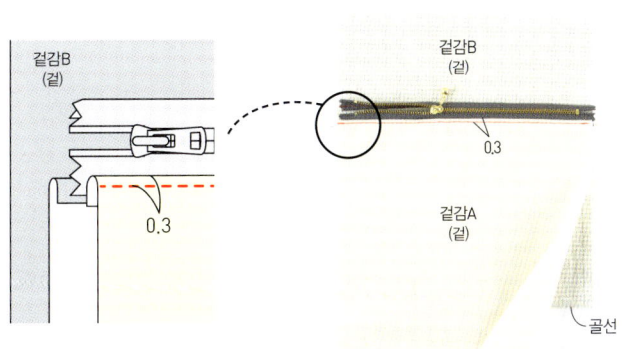

④ 겉감B를 겉으로 뒤집습니다. 아래가 된 겉감B를
피해 지퍼 아래쪽의 주머니 입구 바로 옆을 박습니다.

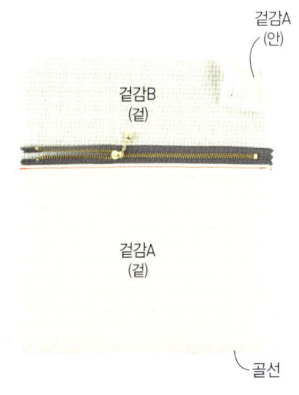

⑤ 겉감A를 안끼리 맞닿게 접습니다.
※이후의 만드는 법→p.96

column
기성품 가방에 지퍼 달기

기성품 가방에 지퍼를 달 수 있는 간단한 방법을 소개합니다.

준비물

- 지퍼감: 폭(바닥 길이+2cm)×높이(바닥 폭+1cm) 2장

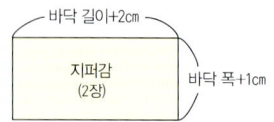

- 지퍼 막음감: 5cm×5cm
- 지퍼: 바닥 길이+약 5cm

 **Lesson** 지퍼 달기

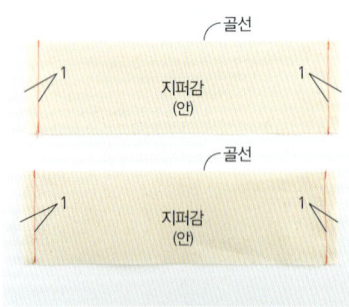

① 지퍼감을 겉끼리 맞닿게 접고, 양 옆선을 박습니다.

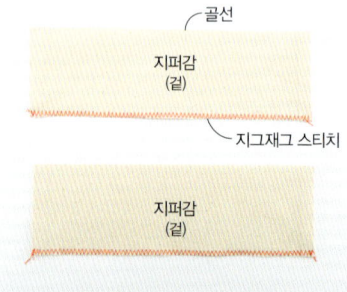

② 지퍼감을 겉으로 뒤집어서 모양을 정리하고, 2장을 함께 지그재그 스티치합니다.

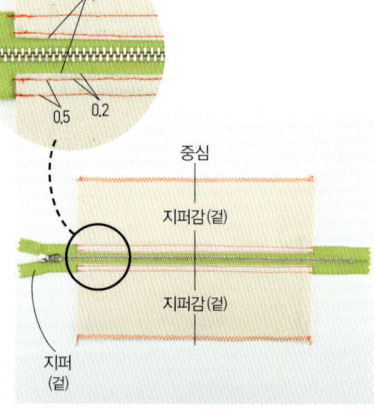

③ 지퍼와 지퍼감 중심을 맞춰서 겹치고, 두 줄씩 스티치해 보강합니다.

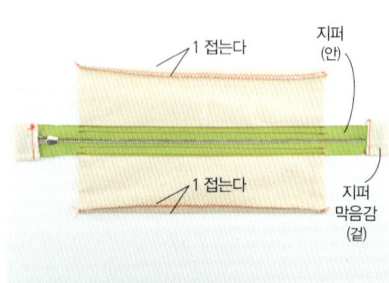

④ 지퍼 상단과 하단을 지퍼 막음감으로 감싸고(p.87), 지퍼감 가장자리를 1cm 접습니다.

⑤ 가방 입구 안쪽에 지퍼감을 겹치고 박은 모습입니다.

완성

 미니 메모

지퍼가 잘 열리지 않으면

종종 지퍼가 잘 열리지 않을 때가 있습니다. 지퍼 이빨 표면에 발려 있는 윤활제가 줄어들고 있다는 신호입니다. 지퍼를 열고 브러시로 불순물과 먼지를 쓸어낸 뒤, 지퍼 윤활제(파스너메이트)를 적당량 바르면 슬라이더가 잘 미끄러져서 여닫기가 편해집니다.

조합을 바꿀 수 없는 오픈 지퍼

오픈 지퍼는 좌우대칭으로 제조된 것이라 조합을 바꿔서 사용할 수 없습니다. 길이가 같은 지퍼라도 다른 지퍼와 조합하여 사용하면 지퍼 이빨 간격이 미묘하게 맞지 않아서 지퍼가 휘어지기도 합니다.

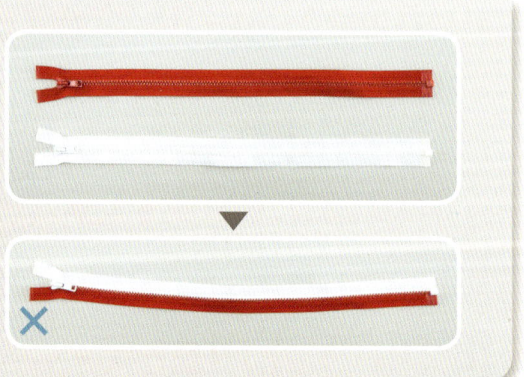

Step 3

옷에 지퍼 달기

옆지퍼

1.
턱 스커트

옆선에 지퍼를 다는 방법으로, 벨트가 허리에
딱 붙습니다. 턱을 잡아서 디자인한 허리둘레가
깔끔해 평상복이나 외출용으로 손색없습니다.

Design & make May Me 이토 미치요

Lesson p.47
How to make p.78

뒤스커트 쪽의 옆선 솔기에서 스커트 완성선을 조금
나오게 접고 지퍼를 달면 앞스커트 쪽은 지퍼를 덮게
됩니다.

추천 지퍼

에프론® 지퍼, 플랫 니트® 지퍼

Lesson

*How to make…p.78
*알아보기 쉽게 작품과 다른 원단을 사용하고 눈에 잘 띄는 색실로 봉제

지퍼 달기

1. 턱을 접는다

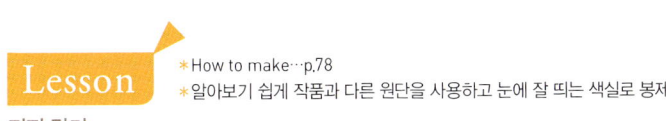

① 앞·뒤 스커트의 양 옆선 시접을 각각 지그재그 스티치
합니다.

② 턱선을 겉끼리 맞닿게 겹쳐서 박습니다.

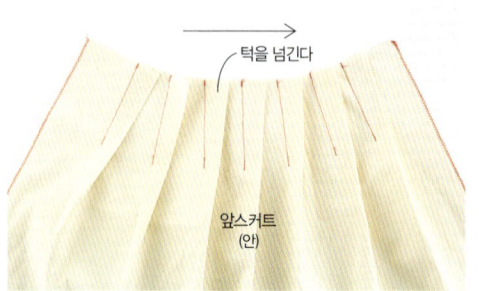

턱을 넘긴다

앞스커트
(안)

③ 턱을 다려서 오른쪽 방향으로 넘깁니다.

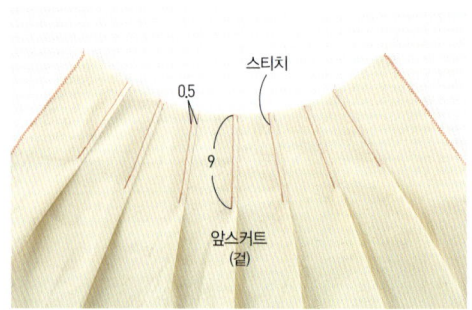

스티치

0.5

9

앞스커트
(겉)

④ 겉에서 턱을 스티치합니다. 뒤스커트에도 같은 방법으로 턱을 접습니다.

2. 왼쪽 옆선에 지퍼를 단다

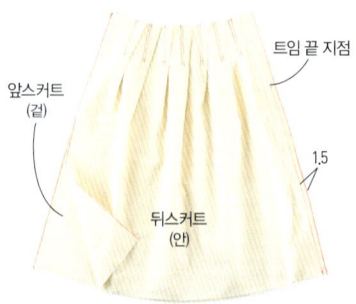

앞스커트
(겉)

트임 끝 지점

1.5

뒤스커트
(안)

① 앞·뒤 스커트를 겉끼리 맞대고, 왼쪽 옆선의 트임 끝 지점부터 스커트 밑단까지 박습니다.

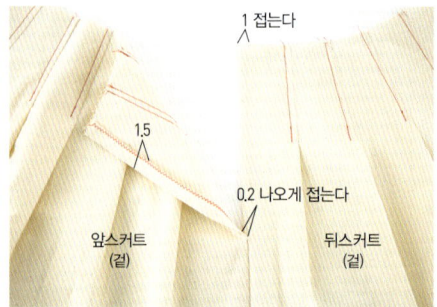

1 접는다

1.5

0.2 나오게 접는다

앞스커트
(겉)

뒤스커트
(겉)

② 뒤스커트 쪽의 트임 끝 지점부터 위쪽 시접을 0.2㎝만큼 솔기에서 나오게 접습니다. 앞스커트는 시접을 1.5㎝로 접습니다.

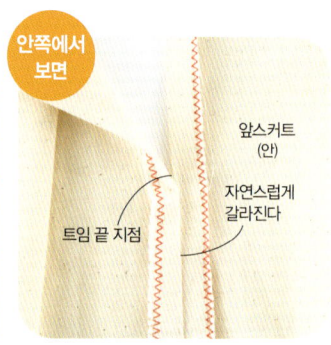

안쪽에서 보면

앞스커트
(안)

자연스럽게 갈라진다

트임 끝 지점

트임 끝 지점부터 아래쪽 시접은 자연스럽게 갈라집니다.

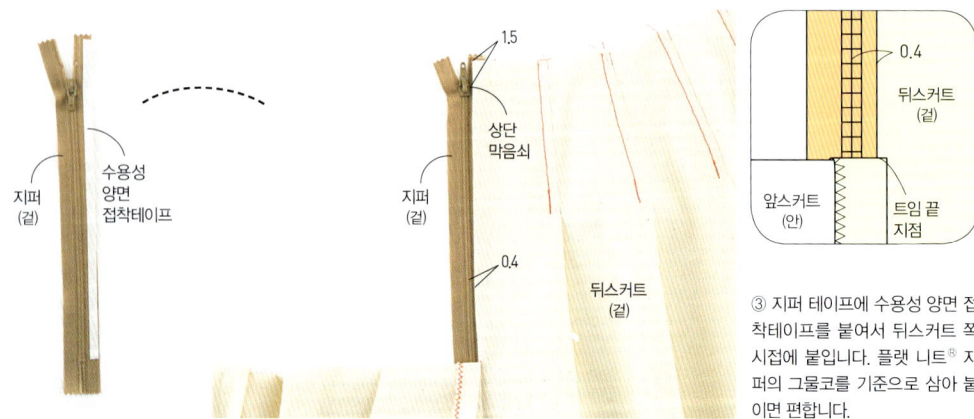

지퍼
(겉)

수용성 양면 접착테이프

1.5

상단 막음쇠

지퍼
(겉)

0.4

뒤스커트
(겉)

0.4

뒤스커트
(겉)

앞스커트
(안)

트임 끝 지점

③ 지퍼 테이프에 수용성 양면 접착테이프를 붙여서 뒤스커트 쪽 시접에 붙입니다. 플랫 니트® 지퍼의 그물코를 기준으로 삼아 붙이면 편합니다.

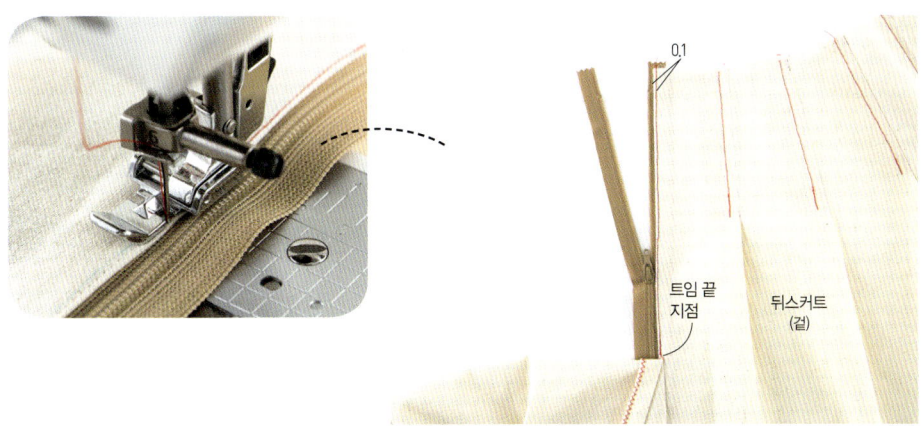

④ 뒤스커트의 접음선 바로 옆을 트임 끝 지점까지 박습니다.

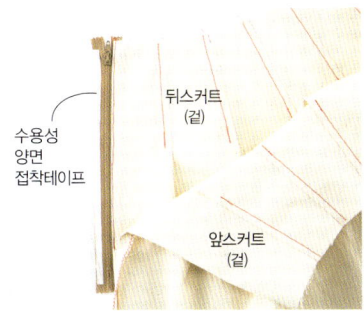

⑤ 지퍼 테이프 반대쪽에도 수용성 양면 접착테이프를 붙입니다.

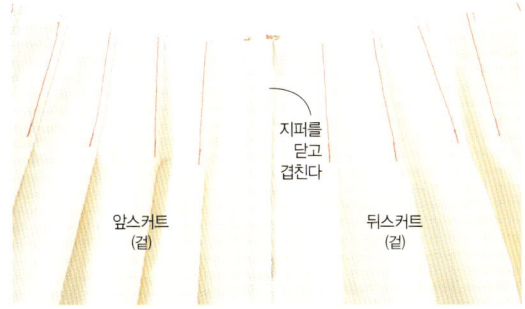

⑥ 접착테이프의 이형지를 벗깁니다. 지퍼를 닫은 상태에서 앞스커트를 겹치고 앞스커트 시접에 지퍼를 붙입니다.

⑦ 겉쪽에서 앞스커트 쪽의 트임 끝 지점부터 허리까지 스티치하고, 지퍼를 답니다.

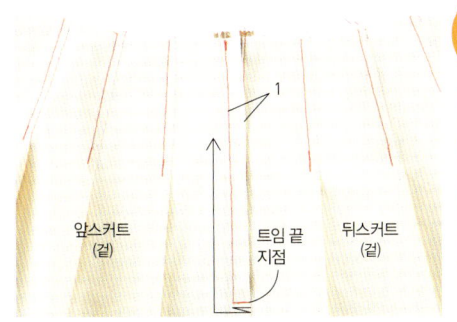

⑧ 트임 끝 지점은 사진의 화살표처럼 되돌아박기하여 보강합니다.

턱 스커트에 지퍼를 깔끔하게 봉제한 모습입니다.

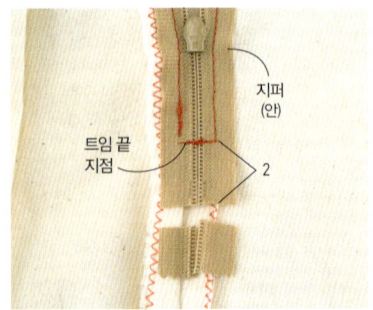

⑨ 지퍼는 트임 끝 지점에서 2㎝ 남기고 자릅니다.

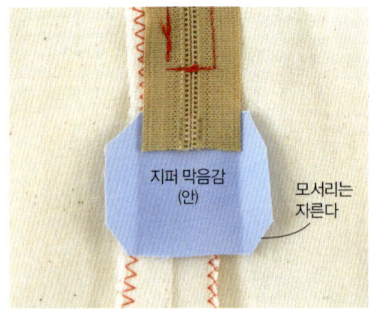

⑩ 지퍼 막음감의 모서리를 사진처럼 자르고 지퍼 끝에 맞춥니다.

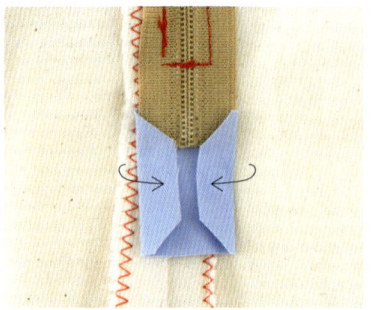

⑪ 지퍼 막음감의 양 가장자리를 사진의 화살표처럼 접습니다.

⑫ 지퍼 막음감을 이번에는 아래에서 위로 접어 올립니다.

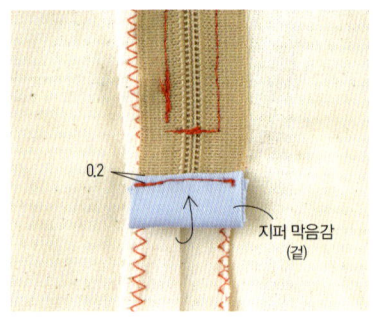

⑬ 한 번 더 접고 접음선의 바로 옆을 스티치하는데, 지퍼 테이프와 지퍼 막음감만 박아야 합니다.

3. 오른쪽 옆선을 박는다

앞·뒤 스커트를 겉끼리 맞대고 오른쪽 옆선을 박습니다. 시접은 가릅니다.

4. 허리 벨트를 단다

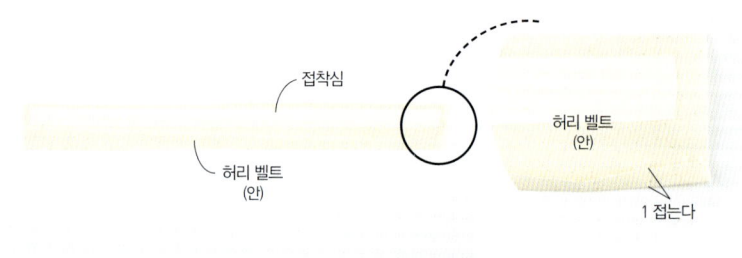

① 허리 벨트 안쪽에 접착심을 붙이고, 겉이 되는 쪽(접착심을 붙이지 않은 쪽)의 시접을 접습니다.

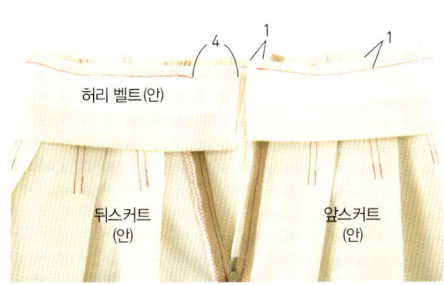

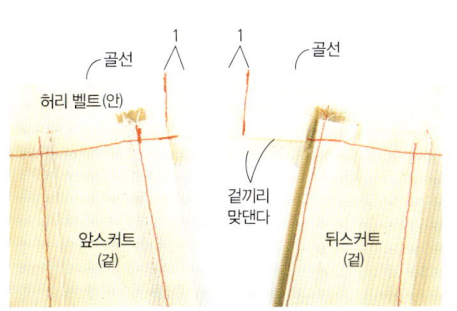

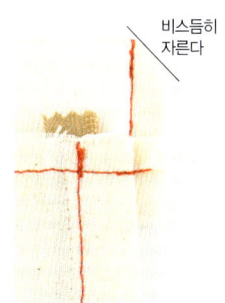

② 접착심을 붙인 쪽을 위로 하고, 스커트 안쪽에 겹쳐 박습니다. 허리 벨트 가장자리는 앞스커트 쪽의 완성선에서 1㎝, 뒤스커트 쪽의 완성선에서 4㎝ 나오게 박고, 시접은 허리 벨트 쪽으로 넘깁니다.

③ ①의 접음선을 한 번 펴고, 허리 벨트를 세운 다음 중심에서 겉끼리 맞닿게 접어 가장자리를 박습니다.

④ 허리 벨트 모서리 시접은 비스듬하게 자릅니다. 반대쪽도 같은 방법으로 자릅니다.

5. 단춧구멍을 만들고, 단추를 단다

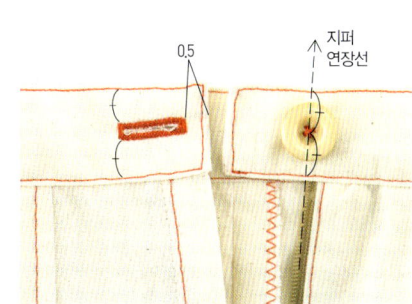

⑤ 허리 벨트를 겉으로 뒤집어서 시접을 허리 벨트 안쪽으로 넣어 모양을 정리하고, 가장자리를 사진의 화살표를 참조하여 빙 둘러 스티치합니다.

단춧구멍을 만들고, 단추를 답니다.

6. 스커트 밑단을 처리한다

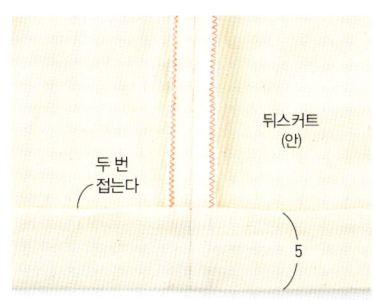

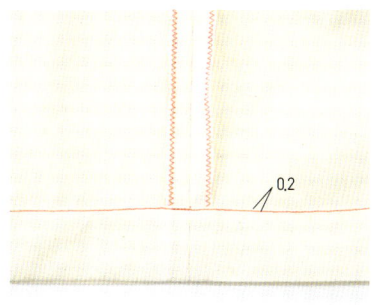

완성

① 스커트 밑단을 1㎝ 5㎝ 두 번 접습니다.
※두 번 접어박기②(p.71)

② 접음선 바로 옆을 스티치해 깔끔하게 완성한 모습입니다.

앞트임 지퍼

m.
턱 테이퍼드 팬츠

팬츠 앞트임의 안단과 밑덧단에 지퍼 테이프를 각각 단
디자인입니다. 허리에 턱을 잡아서 움직이기 편합니다.

Design & make May Me 이토 이치요

Lesson p.53
How to make p.99

지퍼를 열었을 때 아래에 오는 것이 밑덧단이고 위에 오는 것이 안단입니다. 팬츠의 앞트임 지퍼는 마지막에 밑덧단과 안단의 두 번째 스티치가 아주 중요합니다. 이 봉제법이 팬츠를 입고 벗을 때 지퍼에 부담이 가지 않도록 합니다.

추천 지퍼

금속 지퍼, 에프론® 지퍼, 플랫 니트® 지퍼

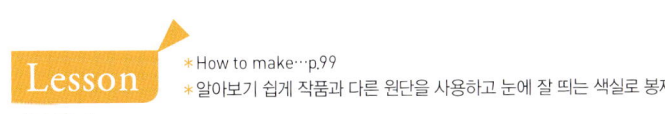

Lesson

* How to make…p.99
* 알아보기 쉽게 작품과 다른 원단을 사용하고 눈에 잘 띄는 색실로 봉제

지퍼 달기

1. 안단을 단다

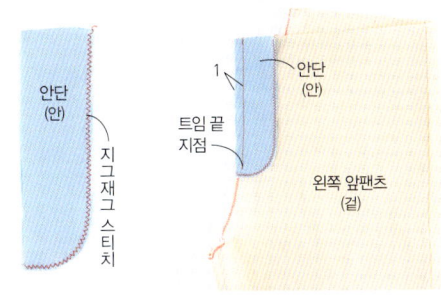

① 안단에 접착심을 붙이고, 가장자리를 지그재그 스티치합니다.

② 왼쪽 앞팬츠와 안단을 겉끼리 맞대고 앞 중심의 윗단부터 트임 끝 지점까지 박습니다.

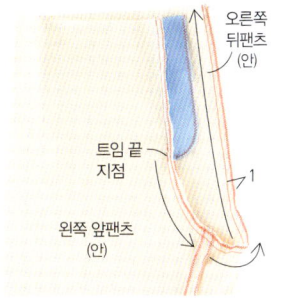

③ 왼쪽 팬츠와 오른쪽 팬츠를 겉끼리 맞대고, 트임 끝 지점부터 뒤팬츠 밑위까지 박습니다. 힘을 받는 장소라서 같은 부분을 한 번 더 박아 보강합니다. 시접은 가릅니다.

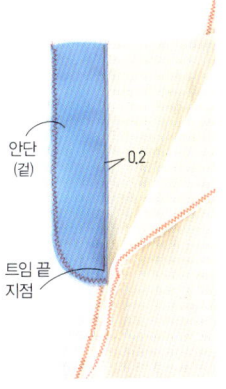

④ 왼쪽 앞팬츠와 안단의 시접은 안단 쪽으로 넘기고 트임 끝 지점까지 스티치합니다.

2. 밑덧단을 만든다

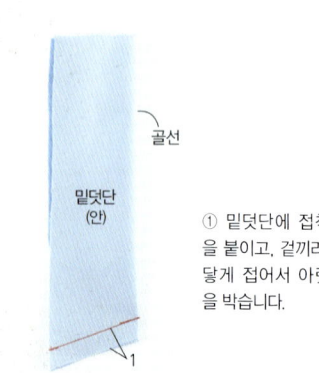

골선

밑덧단
(안)

1

① 밑덧단에 접착심을 붙이고, 겉끼리 맞닿게 접어서 아랫단을 박습니다.

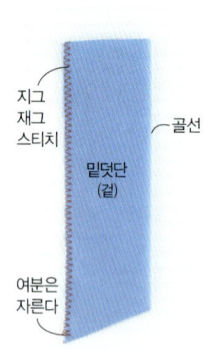

지그재그
스티치

밑덧단
(겉)

골선

여분은
자른다

② 밑덧단을 겉으로 뒤집고, 여분의 시접을 자릅니다. 시접은 2장을 함께 지그재그 스티치합니다.

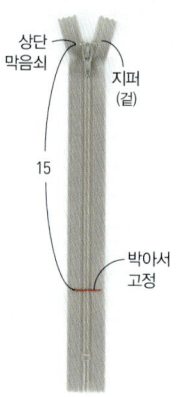

상단
막음쇠

지퍼
(겉)

15

박아서
고정

③ 플랫 니트® 지퍼를 준비하여 상단 막음쇠에서 15cm 내려온 지점을 박고 고정합니다. 금속 지퍼라면 길이를 15cm로 조절합니다.

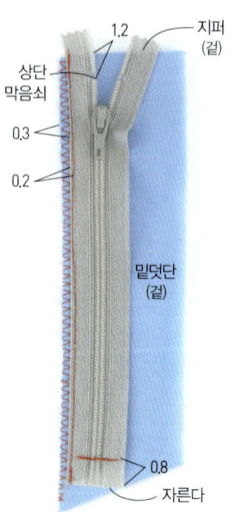

1.2

지퍼
(겉)

상단
막음쇠

0.3

0.2

밑덧단
(겉)

0.8

자른다

④ 밑덧단 가장자리에서 0.3cm 간격을 띄우고 지퍼를 겹쳐서 지퍼 테이프 바로 옆을 박습니다. 여분의 지퍼는 자릅니다.

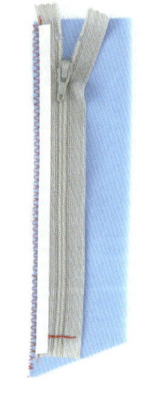

⑤ 수용성 양면 접착 테이프를 지퍼 테이프 위에 붙입니다.

3. 밑덧단을 단다

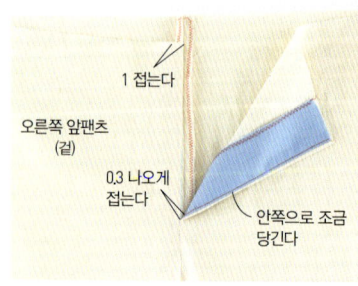

1 접는다

오른쪽 앞팬츠
(겉)

0.3 나오게
접는다

안쪽으로 조금
당긴다

① 팬츠를 겉으로 뒤집고, 안단을 안쪽으로 조금 당겨서 접습니다. 오른쪽 앞팬츠는 트임 끝 지점에서 시접이 앞중심부터 0.3cm 나오게 하고, 상단에서 완성선이 되도록 자연스럽게 접습니다.

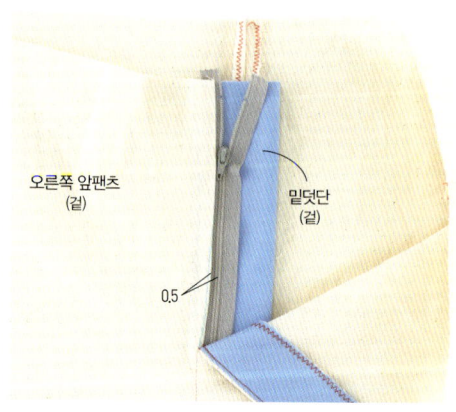

오른쪽 앞팬츠
(겉)

밑덧단
(겉)

0.5

② 수용성 양면 접착테이프의 이형지를 벗기고, 오른쪽 앞팬츠에 밑덧단을 겹쳐서 임시 고정합니다. 상단을 맞추고 지퍼 중심에서 0.5cm 지점에 겹칩니다.

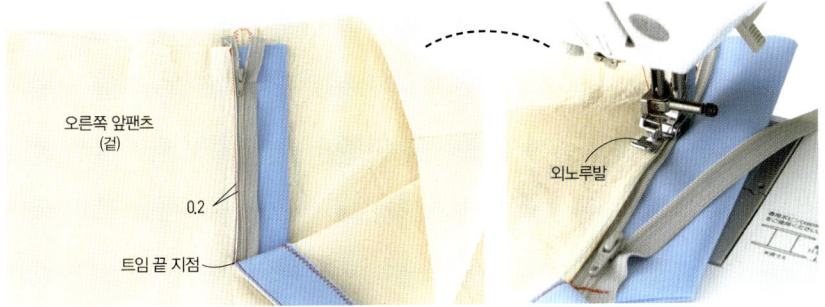

오른쪽 앞팬츠
(겉)

0.2

트임 끝 지점

외노루발

③ 오른쪽 앞팬츠의 접음선 바로 옆을 상단부터 트임 끝 지점까지 박습니다.

노루발을 외노루발로 바꿔서 봉제합니다.

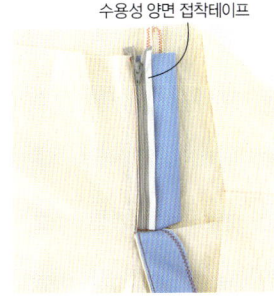

수용성 양면 접착테이프

④ 반대쪽 지퍼 테이프에도 지퍼를 단 상태에서 수용성 양면 접착테이프를 붙입니다.

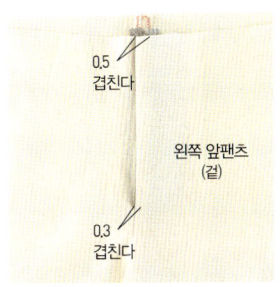

0.5
겹친다

왼쪽 앞팬츠
(겉)

0.3
겹친다

⑤ 접착테이프의 이형지를 벗기고 지퍼를 단 상태에서 왼쪽 앞팬츠를 겹쳐 안단에 지퍼 테이프를 붙입니다.

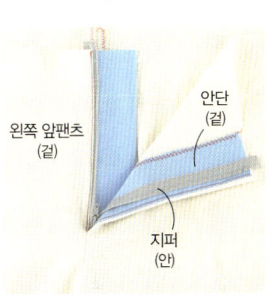

왼쪽 앞팬츠
(겉)

안단
(겉)

지퍼
(안)

⑥ 안단에 지퍼 테이프를 접착한 모습입니다.

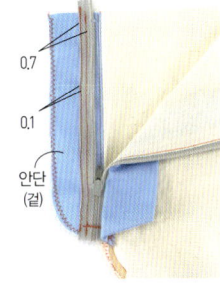

0.7

0.1

안단
(겉)

⑦ 두 줄을 스티치하고, 안단에 지퍼 테이프를 답니다.

4. 스티치한다

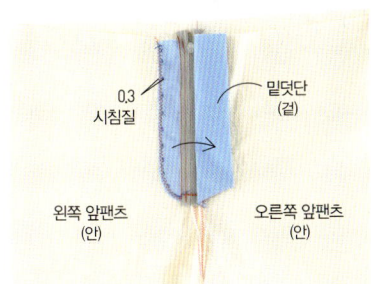

0.3
시침질

밑덧단
(겉)

왼쪽 앞팬츠
(안)

오른쪽 앞팬츠
(안)

① 지퍼를 닫아서 모양을 정리하고, 밑덧단을 피해 안단 기장지리에 손바느질로 시침질합니다.

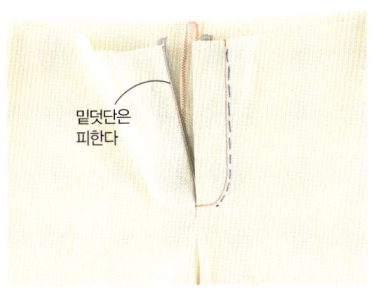

밑덧단은
피한다

② 밑덧단을 피해 겉에서 스티치하고, 큰 땀으로 시침한 심은 빼냅니다

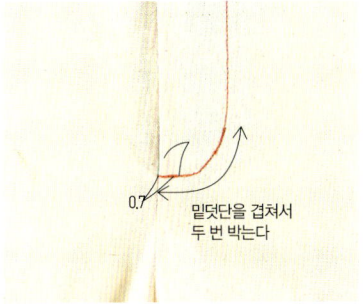

0.7

밑덧단을 겹쳐서
두 번 박는다

③ 밑덧단을 다시 돌려놓고 스티치 위에 겹쳐서 박은 다음 앞중심도 스티치합니다. 이 스티치가 지퍼를 열 때 지퍼에 걸리는 힘을 줄입니다.
※지퍼 달기 이외 만드는 법→p.99

뒤트임 지퍼

n.
패널 라인 원피스

포멀한 디자인의 원피스는 솔기가 겉으로
드러나지 않는 콘실® 지퍼로 마감합니다.
안감이 없는 디자인이므로 얇은 원단으로
작업한다면 슬립을 착용해야 합니다.

Design & make
NEEDLEWORK LAB 야스다 유미코

Lesson p.58
How to make p.102

심플한 디자인에 화려한 비즈 자수로 포인트를 준
네크라인.

겉에서 솔기와 지퍼가 보이지
않는 콘실® 지퍼를 단 뒤트임.

슬릿을 넣어서 움직
이기 편한 소맷부리.

추천 지퍼

콘실® 지퍼

Lesson 지퍼 달기

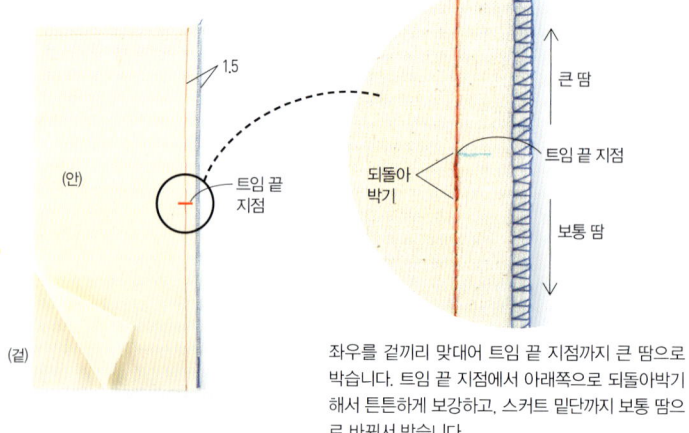

* How to make…p.102
* 알아보기 쉽게 작품과 다른 원단을 사용하고 눈에 잘 띄는 색실로 봉제

1. 뒤중심을 박는다

좌우를 겉끼리 맞대어 트임 끝 지점까지 큰 땀으로 박습니다. 트임 끝 지점에서 아래쪽으로 되돌아박기 해서 튼튼하게 보강하고, 스커트 밑단까지 보통 땀으로 바꿔서 박습니다.

2. 지퍼를 임시 고정한다

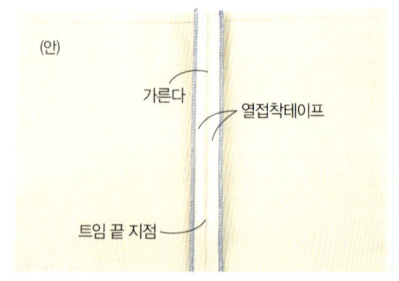

① 시접은 가르고, 트임 끝 지점까지 열접착테이프를 울지 않게 붙입니다.

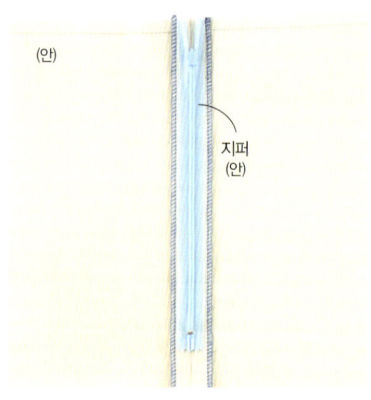

② 콘실® 지퍼 중심과 솔기를 맞추고, 다려서 임시 고정합니다.

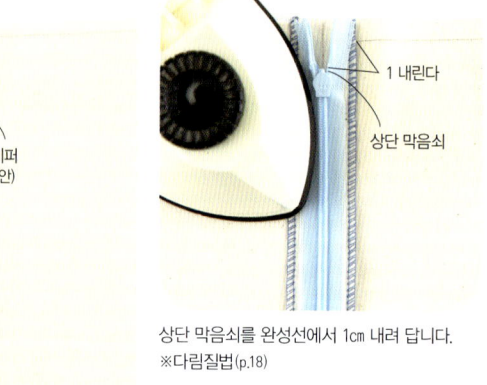

상단 막음쇠를 완성선에서 1cm 내려 답니다.
※다림질법(p.18)

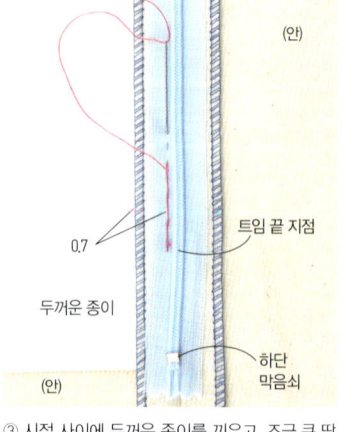

③ 시접 사이에 두꺼운 종이를 끼우고, 조금 큰 땀으로 반박음질하여 지퍼를 임시 고정합니다. 하단 막음쇠는 트임 끝 지점보다 아래로 옮깁니다.
※반박음질(p.72)

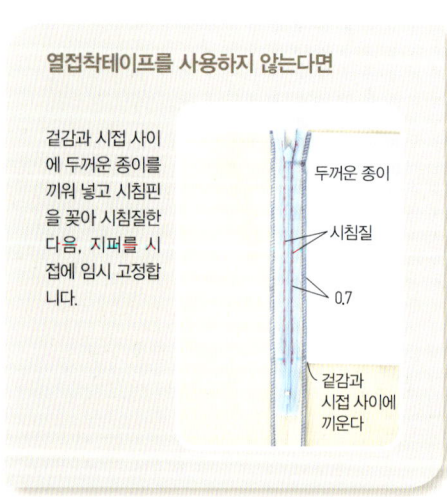

열접착테이프를 사용하지 않는다면

겉감과 시접 사이에 두꺼운 종이를 끼워 넣고 시침핀을 꽂아 시침질한 다음, 지퍼를 시접에 임시 고정합니다.

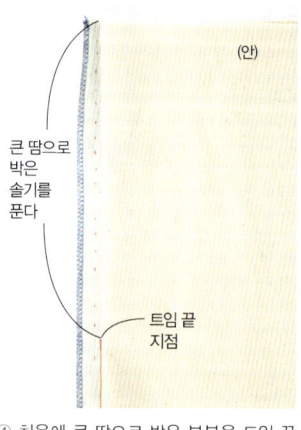

④ 처음에 큰 땀으로 박은 부분을 트임 끝 지점까지 송곳을 이용하여 풉니다.

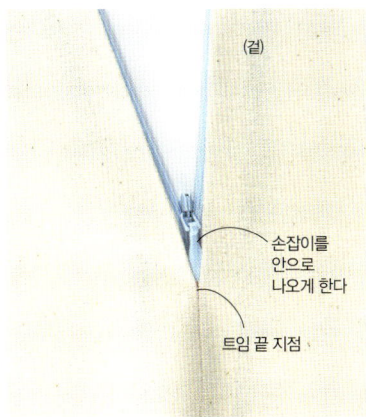

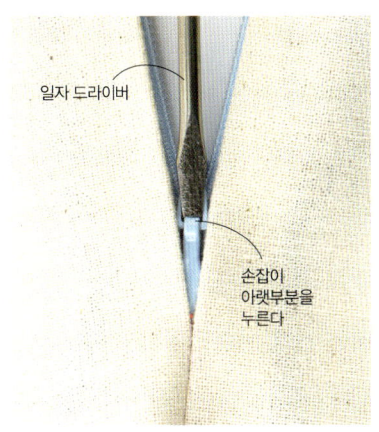

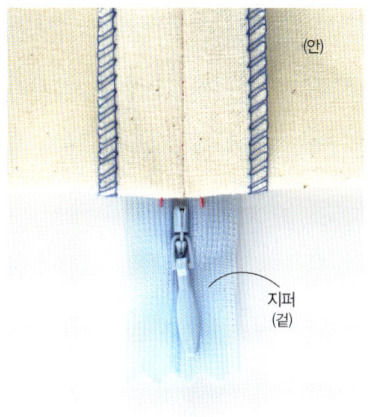

⑤ 겉쪽에서 지퍼 손잡이를 트임 끝 지점 사이에 넣고 안쪽으로 나오게 합니다.

⑥ 가는 일자 드라이버로 손잡이 아랫부분을 누르면 쉽게 안쪽으로 빼낼 수 있습니다. 슬라이더에 흠집이 나지 않게 주의합니다.

⑦ 안쪽으로 나온 모습입니다. 지퍼 하단 막음쇠와 손잡이가 지퍼에서 빠지지 않도록 주의합니다.

3. 지퍼를 박는다

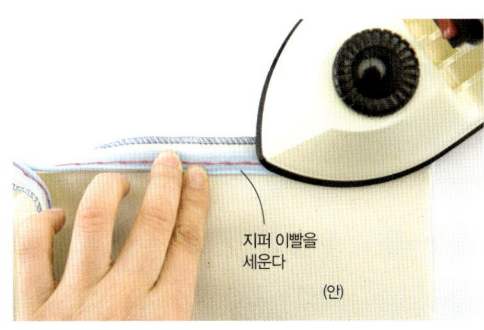

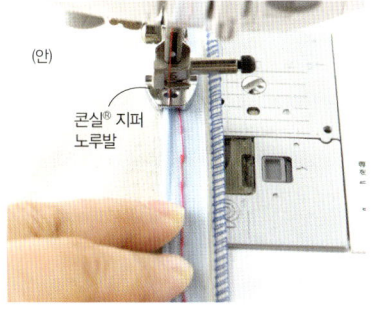

① 지퍼 이빨을 젖히고, 저온으로 다려서 지퍼 이빨을 세웁니다.
※다림질법(p.18)

② 재봉틀 노루발을 콘실® 지퍼 노루발로 바꿉니다. 노루발 홈에 지퍼 이빨을 끼우고 조금 세우면서 바로 옆을 박습니다.

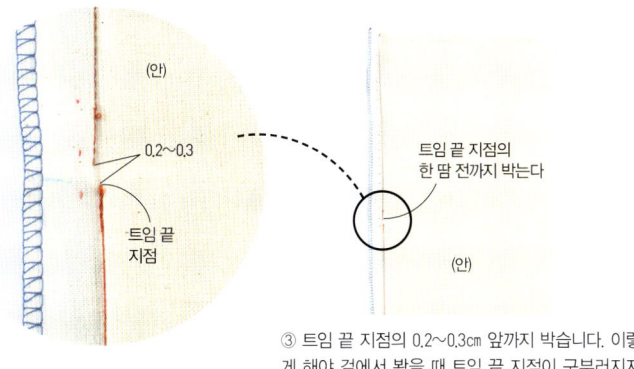

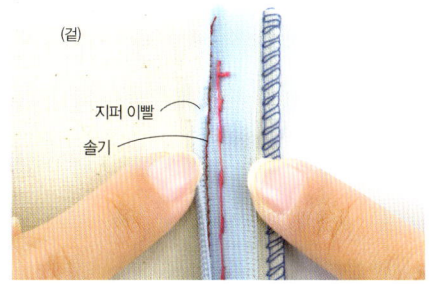

③ 트임 끝 지점의 0.2~0.3㎝ 앞까지 박습니다. 이렇게 해야 겉에서 봤을 때 트임 끝 지점이 구부러지지 않고 깔끔하게 마무리됩니다.

④ 콘실® 지퍼 노루발을 사용하면 사진처럼 지퍼 이빨의 바로 옆을 박을 수 있습니다.

4. 하단 막음쇠를 고정한다

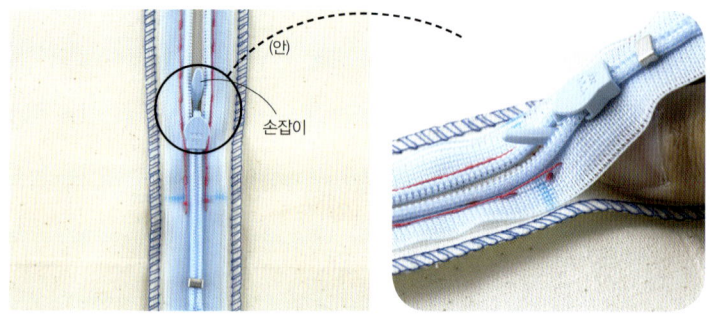

⑤ 반대쪽도 같은 방법으로 트임 끝 지점의 0.2~0.3㎝ 앞까지 박습니다.

① 손잡이를 다시 겉쪽으로 돌려놓습니다.

손잡이를 안쪽에서 잡고 겉쪽으로 보냅니다.

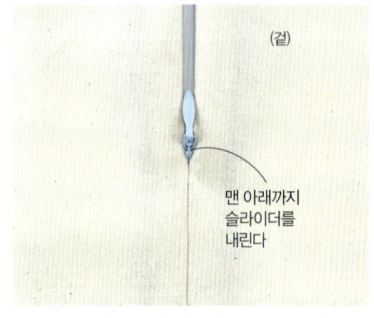

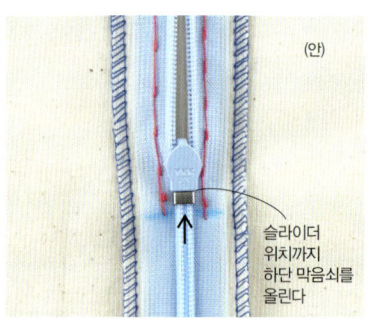

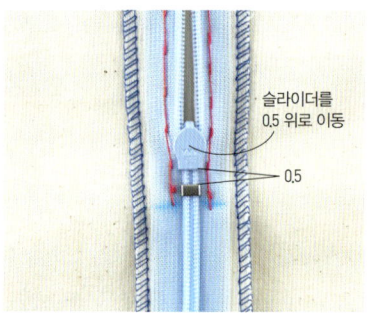

② 겉으로 빼낸 손잡이를 잡고 슬라이더를 맨 아래까지 내립니다.

③ 안쪽으로 뒤집어서 슬라이더 위치까지 하단 막음쇠를 옮깁니다.

④ 하단 막음쇠 위치에서 슬라이더를 위로 0.5㎝ 올립니다.

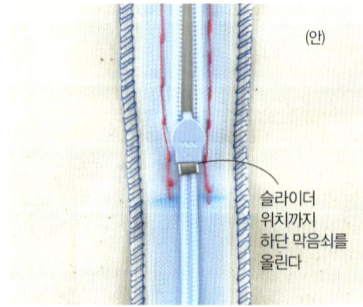

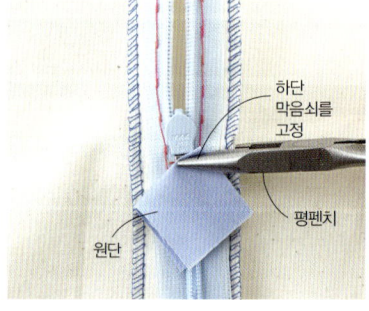

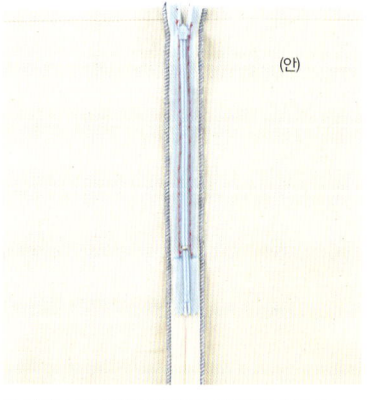

⑤ 다시 슬라이더 위치까지 하단 막음쇠를 옮깁니다.

⑥ 하단 막음쇠가 상하지 않게 원단을 대고 꽉 눌러서 고정합니다.

⑦ 지퍼를 달고 하단 막음쇠를 고정한 모습입니다.

5. 지퍼의 하단과 지퍼 테이프 가장자리를 마감한다

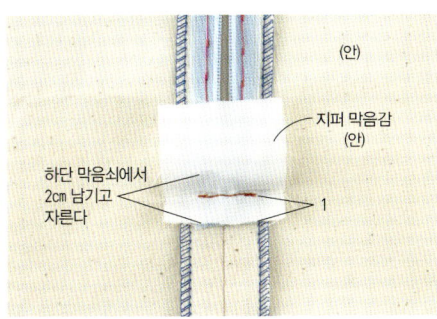

(안)

지퍼 막음감
(안)

하단 막음쇠에서
2㎝ 남기고
자른다

1

① 하단 막음쇠에서 2㎝ 남기고 여분의 지퍼를 자른 다음 지퍼 막음감을 겹쳐서 박습니다.

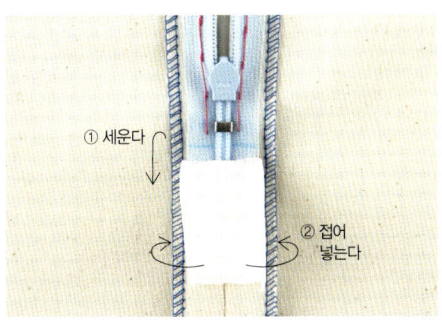

① 세운다

② 접어 넣는다

② 지퍼 막음감을 겉이 나오도록 세우고, 지퍼 폭에 맞추어 안쪽으로 접어 넣습니다.

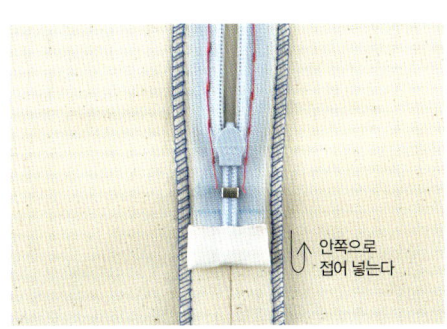

안쪽으로 접어 넣는다

③ 이번에는 지퍼 막음감의 아래쪽을 안쪽으로 접어 넣습니다. 깔끔하게 지퍼 하단을 마감한 모습입니다.

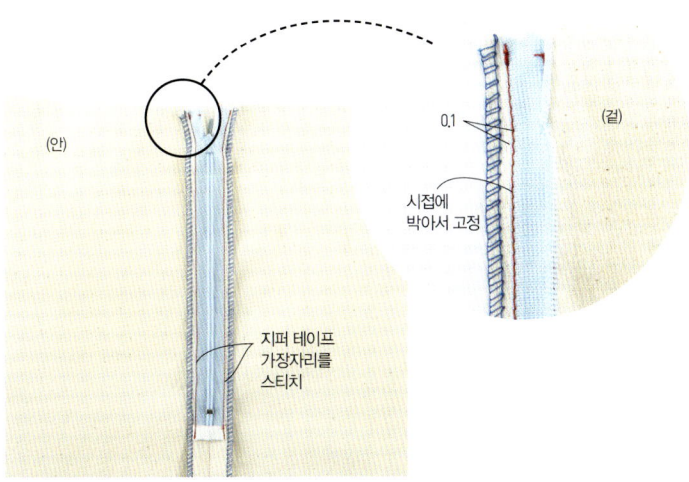

(안)

지퍼 테이프 가장자리를 스티치

0.1

(겉)

시접에 박아서 고정

④ 지퍼 테이프의 가장자리를 상단에서 지퍼 막음감까지 박아서 시접에 고정하고, 시침한 실은 제거합니다.

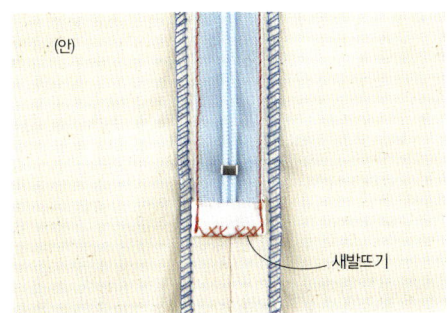

(안)

새발뜨기

⑤ 지퍼 막음감을 새발뜨기로 시접에 고정합니다.
※새발뜨기(p.72)

(겉)

⑥ 콘실® 지퍼를 단 모습입니다.
※지퍼 달기 이외 만드는 법→p.102

오픈 지퍼

o.
노칼라 재킷

좌우로 열리는 오픈 지퍼 재킷은 팬츠든 스커트든
잘 어울리며 중요한 자리를 빛낼 수 있는 디자인
입니다.

Design & make May Me 이토 이치요

Lesson p.64
How to make p.105

소맷부리 트임은 바이어스감을 사용하여
처리하고, 커프스에는 가시 도트 단추를
박아서 강렬한 느낌을 살렸습니다.

오픈 지퍼는 좌우로 열리므로 옷 지퍼
달기 중에서 가장 간단합니다. 지퍼의
좌우 높이가 어긋나지 않도록 봉제하는
것이 포인트입니다.

추천 지퍼
금속 오픈 지퍼, 비슬론® 오픈 지퍼

* How to make…p.105
* 알아보기 쉽게 작품과 다른 원단을 사용하고
눈에 잘 띄는 색실로 봉제

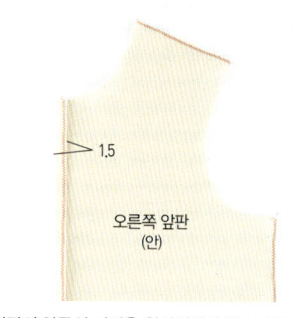

1.5
오른쪽 앞판
(안)

① 앞판의 앞중심 시접을 완성선에서 접습니다.

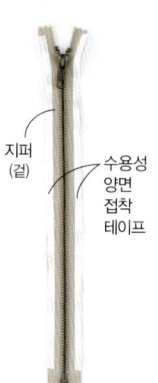

지퍼
(겉)

수용성
양면
접착
테이프

② 지퍼 테이프에 수용
성 양면 접착테이프를
붙입니다.

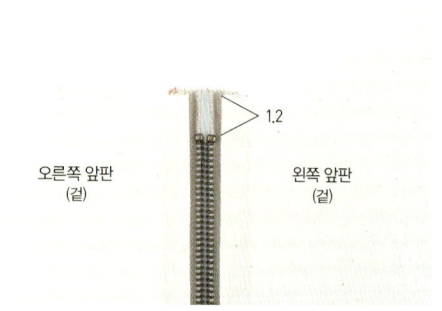

1.2
오른쪽 앞판
(겉)
왼쪽 앞판
(겉)

③ 수용성 양면 접착테이프의 이형지를 벗긴 다음 앞판을 겹치고
시접에 지퍼를 붙여서 임시 고정합니다.

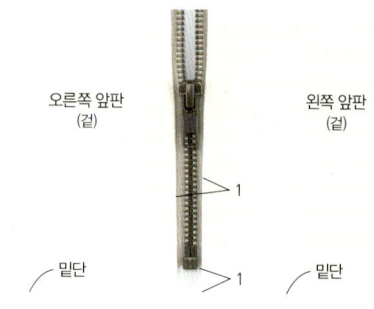

오른쪽 앞판
(겉)
왼쪽 앞판
(겉)
1
밑단
밑단
1

④ 지퍼의 좌우 높이가 어긋나지 않도록 주의합니다.

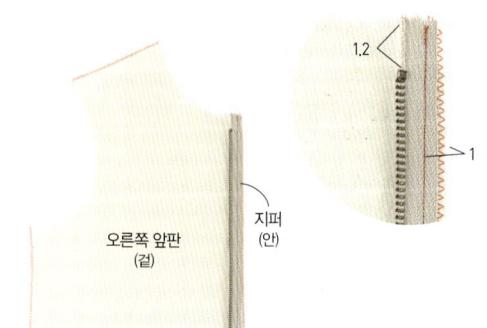

1.2
오른쪽 앞판
(겉)
지퍼
(안)
1

⑤ 지퍼를 열어서 앞판을 좌우로 나눕니다. 시접을
펼쳐서 각각 앞판 끝선에 지퍼를 박습니다.

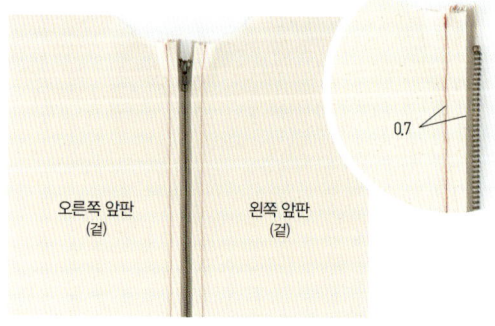

오른쪽 앞판
(겉)
왼쪽 앞판
(겉)
0.7

⑥ 앞중심 시접을 완성선에서 다시 접고, 겉쪽에서
스티치합니다.
※지퍼 달기 이외의 만드는 법→p.105

How to make

바느질의 기초

작품을 만드는 데 필요한 바느질의 기본 지식입니다. 작업을 시작하기 전에 확인합니다.

작품 만들기를 시작하기 전에

＊How to make의 원단 필요량은 폭×길이 순으로 표기했습니다.
　무늬에 방향이 있는 프린트 원단을 사용하거나 무늬 맞추기를 하려면 원단 필요량이 달라지니 주의합니다.

＊How to make의 과정을 사진으로 설명한 페이지, How to make의 그림에서 특별히 지정하지 않은 숫자의 단위는 ㎝입니다.

＊가방 몸판이나 손잡이 등 직선으로만 된 부분은 패턴이 없을 수도 있습니다.

＊실물 크기 패턴의 가방과 파우치에는 시접을 넣었기 때문에, 나중에 시접을 따로 넣지 않아도 됩니다.
　실물 크기 패턴의 옷은 How to make의 재단 배치도를 참조하여 시접을 넣습니다.

도구　바느질에 필요한 기본 도구부터 준비합니다.

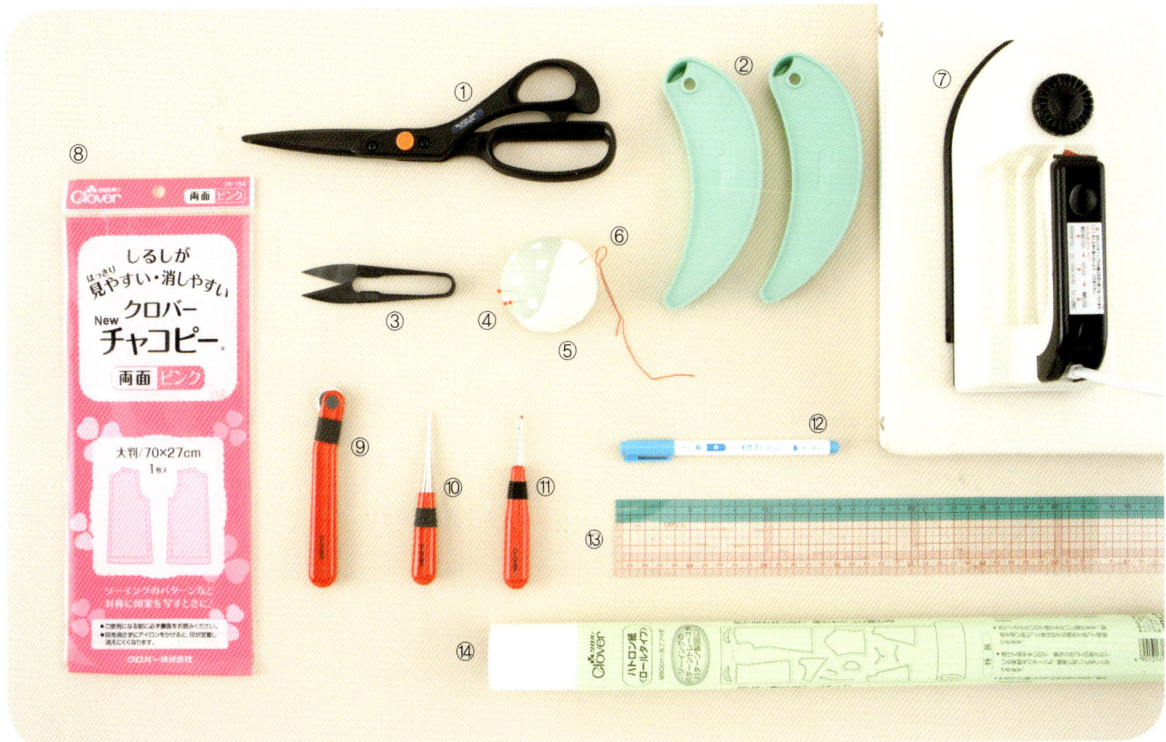

① **재단 가위**…원단을 자르는 전용 가위로, 원단 이외의 것을 자르면 가윗날이 잘 들지 않으므로 주의합니다.

② **문진**…패턴을 옮겨 그릴 때 종이가 움직이지 않도록 고정하는 용도로 사용합니다.

③ **쪽가위**…실을 자르거나 섬세한 부분을 자를 때 편리한 가위입니다.

④ **시침핀**…바느질하기 전에 2장 이상의 원단을 고정할 때 씁니다.

⑤ **핀 쿠션**…작업 중에 바늘이나 시침핀을 잃어버리지 않도록 꽂아둘 때 사용합니다.

⑥ **손바늘**…손바느질용 바늘로, 원단을 합봉할 때뿐 아니라 단추를 달거나 공그르기를 할 때 사용합니다.

⑦ **다리미&다림판**…주름을 펴거나 섭음신을 표시할 때 사용합니다.

⑧ **초크 페이퍼**…룰렛과 함께 사용하여 원단에 표시합니다.

⑨ **룰렛**…톱니바퀴 모양의 날을 굴려서 원단에 표시합니다.

⑩ **송곳**…모서리를 정리하거나 재봉하며 원단을 미는 용도로 사용합니다.

⑪ **실뜯개**…U자 부분이 날로 되어 있어서 솔기를 뜯을 때 적합합니다.

⑫ **초크펜**…원단 위에 봉제하는 데 필요한 표시를 할 때 쓰며, 수용성 타입과 자연히 사라지는 타입이 있습니다.

⑬ **방안자**…모눈이 그려진 50㎝ 길이의 자를 준비하면 편리합니다.

⑭ **패턴지**…실물 크기 패턴을 옮겨 그리기에 편리한 얇은 종이로, 트레이싱페이퍼를 이용해도 좋습니다.

원단 올 바로잡기 & 선세탁 만들려는 작품에 알맞은 원단을 준비하는 것이 봉제의 첫걸음입니다.

원단 올 바로잡기

원단은 씨실과 날실이 교차하여 짜여 있습니다. 이 씨실과 날실이 직각으로 교차해야 올바른 상태입니다. 그러나 매장에서 구매한 원단은 올이 비뚤어져 있기도 합니다. 올을 정리하여 바로잡기를 하면 작품을 만들었을 때 모양이 깔끔합니다.

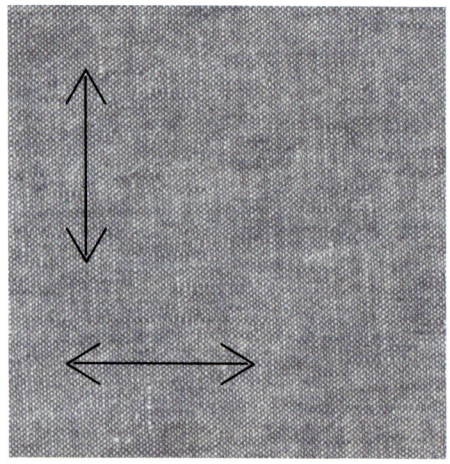

선세탁

＊폴리에스테르 등의 화학 섬유 원단은 선세탁을 하지 않습니다. 리넨, 견, 울 등의 소재는 선세탁 방법이 다르니 주의합니다. 아래의 예시는 코튼 · 리넨 원단에 해당합니다.

① 물을 충분히 받아서 병풍 모양으로 접은 원단을 1시간 정도 담가둡니다. 물기를 손으로 살짝 짜서 올이 휘지 않도록 정리하여 그늘에서 말립니다.

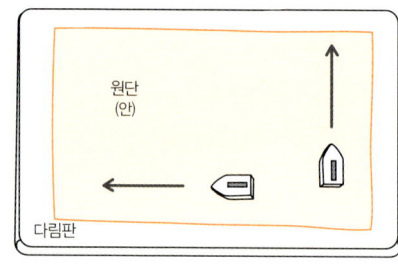

② 원단의 올을 직각이 되도록 정돈하여 안쪽에서 다립니다.

다림질 바느질을 하고 나면 시접을 다립니다. 꼼꼼하게 다림질을 하면 완성된 모습도 아름답습니다.

시접 처리법

시접 넘기기
시접(2장 이상)을 어느 한쪽 방향으로 넘겨서 처리하는 방법으로, '한쪽으로 넘기기'라고도 합니다.

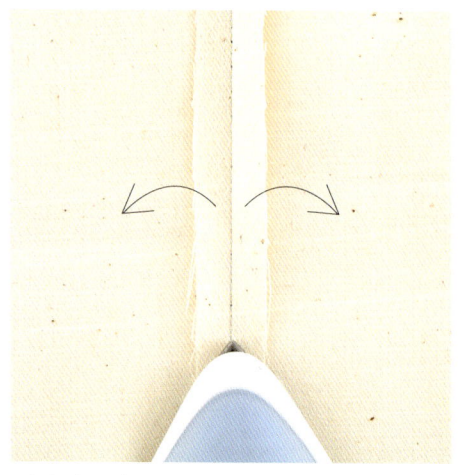

시접 가르기
바늘땀을 따라 다림질해서 시접을 가르는 방법입니다.

접착심

접착심은 보이지 않는 부분에 사용하지만 봉제에서 아주 중요한 역할을 합니다. 재단 배치도에서 접착심을 붙이도록 지정한 곳에 붙입니다.

접착심이란?

접착심은 원단을 빳빳하게 보강하거나 모양이 흐트러지는 것을 막기 위해 원단 뒷면에 붙입니다. 바탕 원단에 접착제가 발라져 있으니 다리미의 열로 녹여서 작업합니다. 바탕 원단 종류에 따라 붙인 뒤의 느낌이 달라지고 두께도 다양하므로, 만들고 싶은 작품에 맞춰서 원하는 접착심을 고릅니다.

접착심 종류

● **직물 타입**

바탕 원단이 직물로 된 타입의 접착심은 겉감을 따라 잘 움직이므로 원단이 늘어나는 것을 방지합니다. 올 방향이 있으므로 심을 붙일 원단과 올을 맞춰서 붙여야 합니다. 패브릭 작품을 만들 때 적합하며, 스트레치 타입도 있습니다.

● **부직포 타입**

바탕 원단에 섬유가 섞인 부직포 타입은 올 방향이 없기 때문에 방향에 상관없이 재단할 수 있고, 잘 구겨지거나 변형되지 않습니다.

● **접착 퀼트심**

얇게 편 솜에 접착제가 칠해져 있는 접착 퀼트심은 입체감 있게 마무리됩니다.

접착심 붙이는 법

접착심

● **원단 전면에 붙일 때**

다리미 열을 가하면 접착심이 줄어들 때가 있습니다. 전면에 접착심을 붙여야 한다면 패턴보다 원단을 넉넉하게 재단하여 접착심을 붙이고 패턴대로 재단합니다.

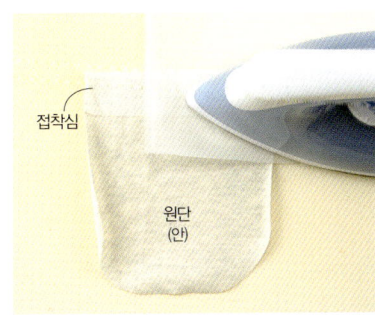

접착심

원단
(안)

● **원단 일부에 붙일 때**

붙이고 싶은 모양으로 접착심을 잘라서 붙입니다.

Point

O 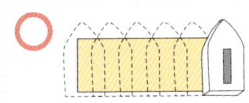　　×　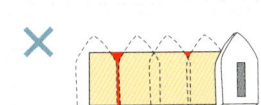

다리미는 미끄러지지 않도록 체중을 실어서 누릅니다. 한 군데를 다리고 나면 다리미를 들어 올려서 빈틈이 생기지 않도록 꼼꼼하게 겹쳐가면서 다려야 접착심이 울지 않습니다.

패턴&재단

실물 크기 패턴을 옮겨 그리고 나서 원단을 재단합니다. 꼼꼼하게 작업하면 작업의 완성도도 그만큼 높아집니다.

패턴의 선과 기호

패턴에는 다양한 선과 기호가 있습니다.
재단하거나 봉제할 때 중요한 역할을 하므로 잘 확인하고 패턴에 적용합니다.

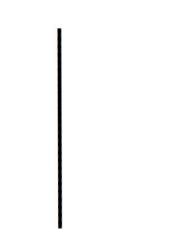  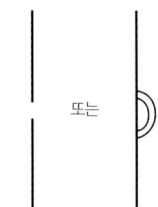 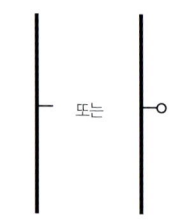

●완성선
작품을 완성했을 때의 모습대로 표시한 선. 시접이 들어 있지 않은 패턴에서는 가장 바깥쪽에 있는 선이 완성선입니다.

●식서
올(세로 올 방향)의 방향.

●골선
원단을 반으로 접었을 때의 접음선. 골선에 패턴을 맞춰놓고 재단합니다.

●맞춤점
2장 이상의 원단을 연결할 때 서로 어긋나지 않도록 각각의 원단에 해두는 표시.

 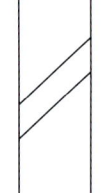 

●접음선
원단 접는 위치를 나타낸 선.

●턱
사선의 높은 쪽에서 낮은 쪽으로 원단을 접어 주름을 만듭니다.

●오그리기
소매산 등 원단을 오그려가며 줄여서 봉제하는 부분.

옷의 기준 사이즈(신체 치수)

사이즈	S	M	L	XL
키	158			
가슴둘레	80	83	86	90
허리둘레	64	67	70	74
엉덩이둘레	88	91	94	98

패턴 베끼기

1

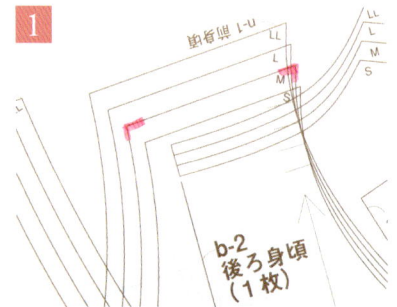

실물 크기 패턴에서 옮겨 그리고 싶은 디자인과 사이즈를 골라서, 알아보기 쉽도록 모서리, 맞춤점, 사이즈 등을 형광펜으로 표시합니다.

2

패턴 위에 패턴지를 겹치고, 어긋나지 않도록 문진으로 누른 다음 방안자를 이용하여 선을 옮겨 그립니다. 곡선은 자의 각도를 조금씩 바꿔가며 표시합니다. 식서 방향이나 맞춤점도 옮겨 그리고 부분 이름을 적습니다.

패턴에 시접 넣기 ＊이 책에서는 옷에만 시접을 넣습니다. 가방과 파우치는 실물 크기 패턴에 시접이 포함되어 있습니다.

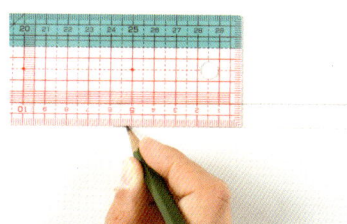

1

How to make의 재단 배치도에 적힌 치수를 참조하여 완성선 바깥 쪽에 시접선을 그립니다. 방안자를 사용하면 작업이 쉬우며, 방안자는 시접 폭만큼의 위치의 완성선에 맞춰놓아야 합니다.

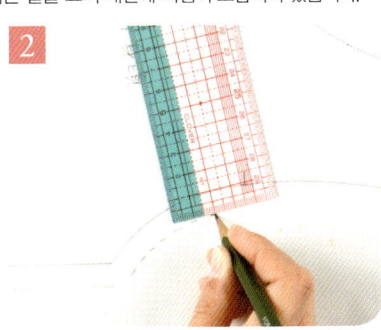

2

곡선 부분은 조금씩 시접 폭만큼 재가면서 점선으로 표시합니다.

Point ᚎᚎᚎᚎᚎᚎᚎᚎᚎᚎᚎᚎᚎᚎᚎ

소맷부리(둔각)에 시접 넣기

소맷부리나 밑단은 모서리에서 선이 비스듬하게 겹칩니다.
그 주위에 평행하게 시접을 넣으면 시접을 접었을 때 원단이 남거나 부족해지므로 다음의 방법으로 시접을 넣습니다.

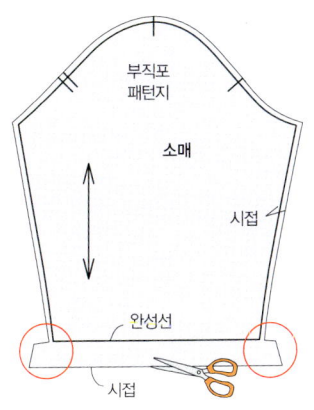

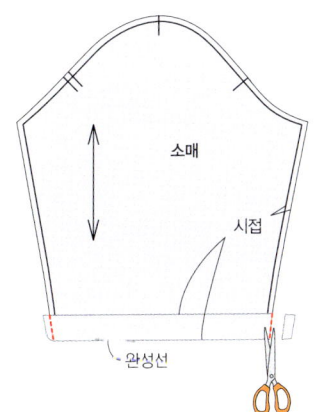

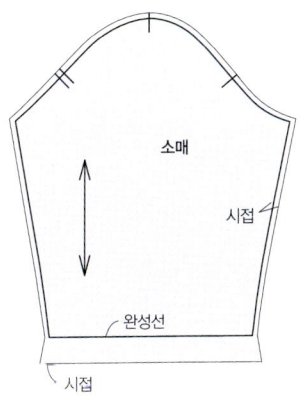

① 모서리 이외 시접을 다 넣고 나면 소맷부리의 모서리 주위를 넉넉하게 남기고 패턴을 자릅니다.

② 완성선을 따라 소맷부리를 접어 올리고 소매 밑단 시접선에 맞춰 여분을 자릅니다. 소맷부리를 두 번 접어박기로 처리해야 한다면 두 번 접습니다.

③ 이 방법으로 봉제하면 시접이 딱 맞아 떨어집니다.

재단하기

패턴의 식서 방향과 원단의 식서를 평행하게 맞추고, 시침핀으로 패턴을 원단에 고정합니다. '골선'으로 재단하라고 지정되었다면 원단의 접음선에 '골선'의 선을 겹치고 가장자리부터 재단가위를 사용하여 재단합니다.

패턴에 없는 부분의 재단
ᚎᚎᚎᚎᚎᚎᚎᚎᚎᚎ

직선만으로 이루어진 부분은 패턴이 없는 것도 있습니다. 재단 배치도에 적힌 치수를 참조하여 원단에 초크펜 등으로 직접 선을 그려서 재단합니다.

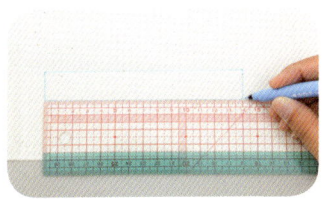

표시하기

합봉할 때 필요한 기호들을 원단에 표시하는데, 봉제할 때 기준점이 되는 역할을 합니다. 대표적인 표시법 3가지를 소개합니다.

초크 페이퍼(양면 타입)

겉끼리 맞댄 원단 사이에 초크 페이퍼를 끼우고, 패턴 위쪽에서 룰렛으로 완성선을 덧그리듯이 누릅니다. 위아래 원단에 대칭으로 표시됩니다.

초크 페이퍼

위아래 원단에 대칭으로 표시가 된 모습입니다.

가위집(노치)

시접에 0.2㎝ 정도로 가위집을 넣어서 표시를 합니다. 가위집은 시접 등 원단의 가장자리에만 표시할 수 있으며, 원단을 자르기 때문에 완성선 안쪽에는 표시할 수 없습니다.

'골선'은 접음선을 향해 비스듬히 자릅니다.

수성 초크펜

패턴을 원단과 분리하고 완성선 위에 송곳 등으로 구멍을 뚫습니다.

원단 안쪽에 패턴을 대고 수성 초크펜으로 표시를 합니다.

패턴을 안으로 뒤집어 반대쪽에도 표시를 합니다. 점과 점을 이어서 완성선을 그리고, 베긴 선 위를 정확하게 자릅니다.

바느질 재봉틀 바느질과 손바느질의 기본을 확인합니다.

원단과 바늘과 실의 관계

바늘과 실은 사용할 원단에 맞춰서 고릅니다. 바느질을 시작하기 전에 원단 가장자리나 자투리 천 등에 테스트 봉제를 해보고 나서 작업을 시작합니다.

원단 종류	얇은 원단 (론)	보통 두께 원단 (리넨, 브로드클로스, 시팅, 아문젠)	두꺼운 원단 (캔버스 8호, 캔버스 11호)
재봉틀 바늘	9호	11호	14호, 16호
봉제실	90번	60번	30번

시침핀 꽂는 순서

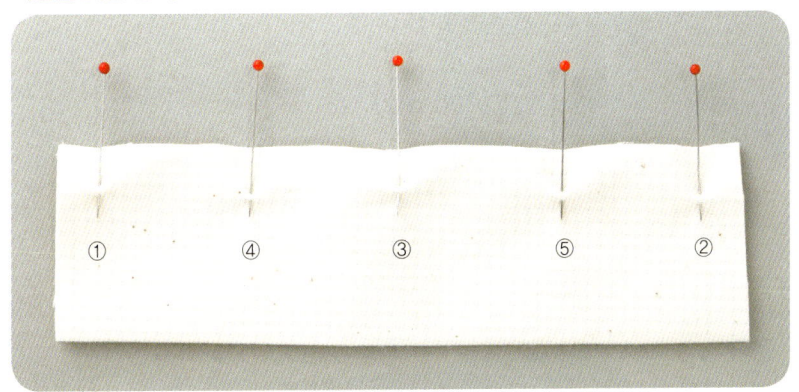

① ④ ③ ⑤ ②

원단 끝부분(①②)부터 시침핀을 꽂고, 중앙(③)에 고정합니다. 다시 한 번 그 사이(④⑤)를 고정합니다. 이 순서대로 시침핀을 꽂으면 원단이 잘 어긋나지 않습니다.

시접 처리하기

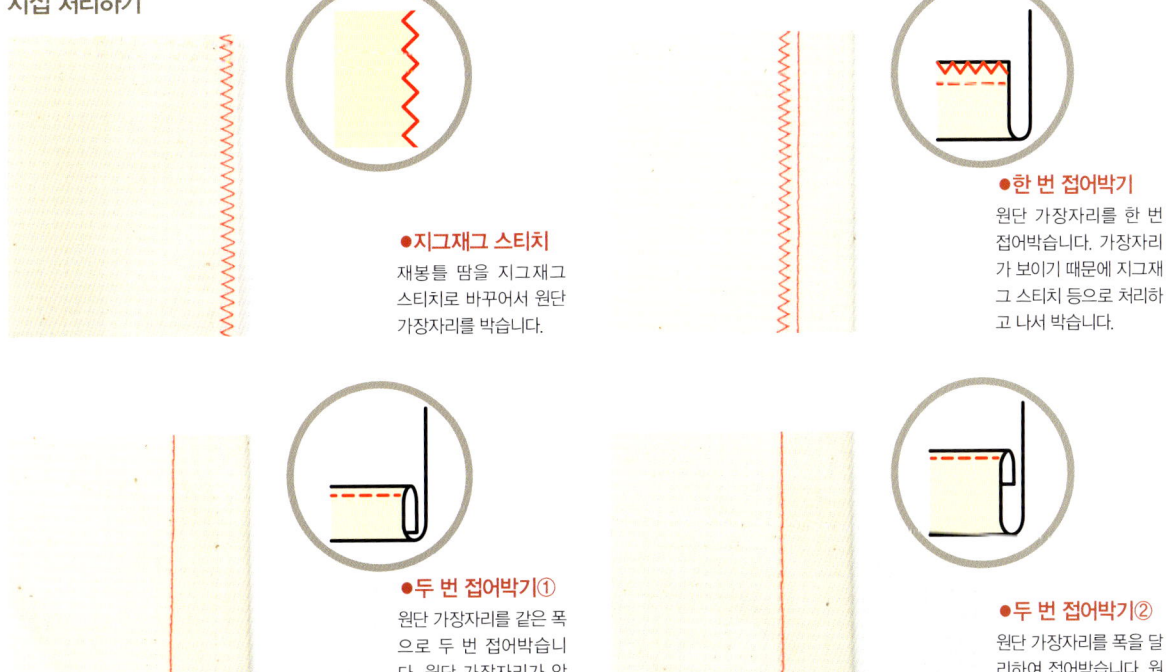

●**지그재그 스티치**

재봉틀 땀을 지그재그 스티치로 바꾸어서 원단 가장자리를 박습니다.

●**한 번 접어박기**

원단 가장자리를 한 번 접어박습니다. 가장자리가 보이기 때문에 지그재그 스티치 등으로 처리하고 나서 박습니다.

●**두 번 접어박기①**

원단 가장자리를 같은 폭으로 두 번 접어박습니다. 원단 가장자리가 안으로 들어가서 보이지 않습니다.

●**두 번 접어박기②**

원단 가장자리를 폭을 달리하여 접어박습니다. 원단 가장자리가 안으로 들어가서 보이지 않습니다.

손바느질

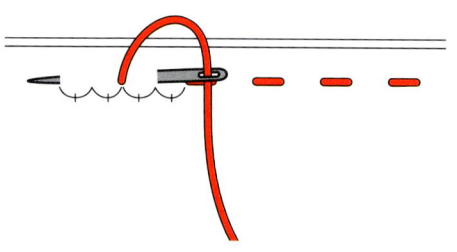

●반박음질
반 땀 되돌아가서 바늘을 넣고 한 땀 반만큼 앞쪽에서 바늘을 빼냅니다.

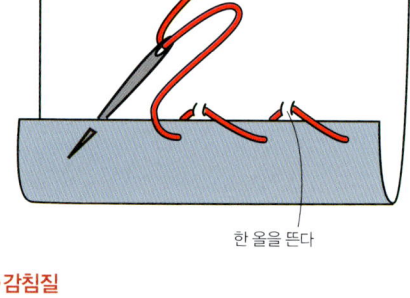

한 올을 뜬다

●감침질
안쪽에서 시접에 바늘을 넣고 원단을 약간 뜹니다. 시접으로 바늘을 빼고 다시 원단을 약간 뜹니다. 용수철이 감긴 모양으로 감아 꿰매는 이 과정을 되풀이합니다.

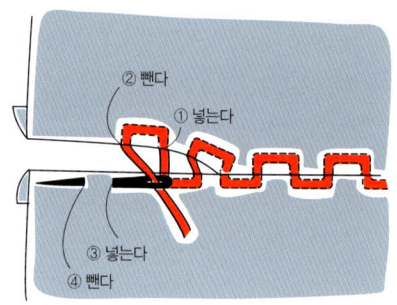

② 뺀다
① 넣는다
③ 넣는다
④ 뺀다

●ㄷ자 감치기
원단 2장을 맞대고, 앞쪽의 접음선에서 뒤쪽 접음선으로 바늘을 꽂고 0.3~0.4㎝ 정도 앞쪽에서 바늘을 빼냅니다. 다시 앞쪽의 접음선에 바늘을 꽂고 이 과정을 반복하며 실이 겉으로 나오지 않도록 연결합니다.

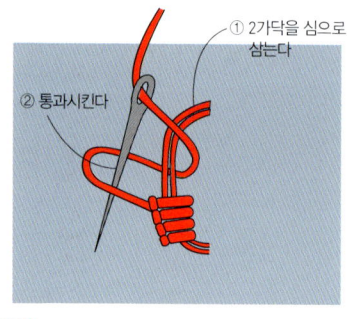

① 2가닥을 심으로 삼는다
② 통과시킨다

●실 고리
처음에 실을 두 번 걸쳐 고리를 만들고, 그 실에 버튼홀 스티치를 합니다.

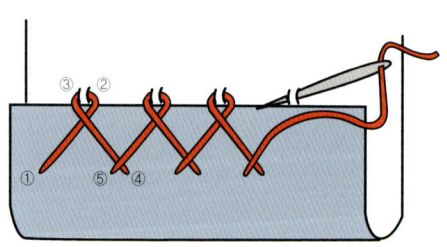

③ ② ① ⑤ ④

●새발뜨기
왼쪽에서 오른쪽으로 바느질합니다. 시접 안으로 바늘을 넣어서 ①에서 빼고 ②로 바늘을 넣어 원단만 살짝 뜨고 ③에서 뺍니다. ④로 바늘을 넣어서 ⑤에서 빼는데 이 과정을 되풀이합니다.

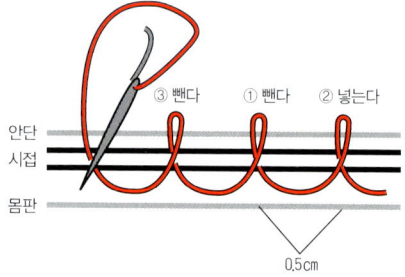

③ 뺀다   ① 뺀다   ② 넣는다
안단
시접
몸판
0.5㎝

●숨은상침
안단으로 바늘을 빼서 한 땀만큼 되돌아가서 안쪽 시접 2장에만 바늘을 통과시킵니다. 0.5㎝ 앞에서 바늘을 빼고, 다시 한 땀만큼 되돌아가서 계속 바느질합니다.

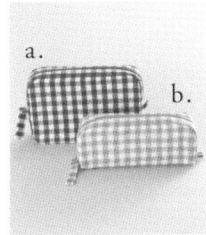

a.
통옆판 파우치
photo p.20

b.
바닥이 이어진 파우치
photo p.20

〈a〉
완성 치수
폭 18cm×높이 12cm×바닥 폭 4cm
재료
마(흰색×보라색 깅엄체크)…35cm×35cm
면(흰색×회색 깅엄체크)…35cm×35cm
접착심…35cm×70cm
금속 지퍼…길이 30cm 1개
실물 크기 패턴 A면 a
1 겉감·안감, 2 겉지퍼감·안지퍼감, 3 겉바닥·안바닥

〈b〉
완성 치수
폭 18cm×높이 7cm×바닥 폭 4cm
재료
마(흰색×녹연두색 깅엄체크)…30cm×35cm
면(흰색×갈색 깅엄체크)…30cm×35cm
접착심…40cm×50cm
금속 지퍼…길이 30cm 1개
실물 크기 패턴 A면 b
1 겉김·안감, 2 겉지퍼감·안지퍼감

〈a〉 재단 배치도

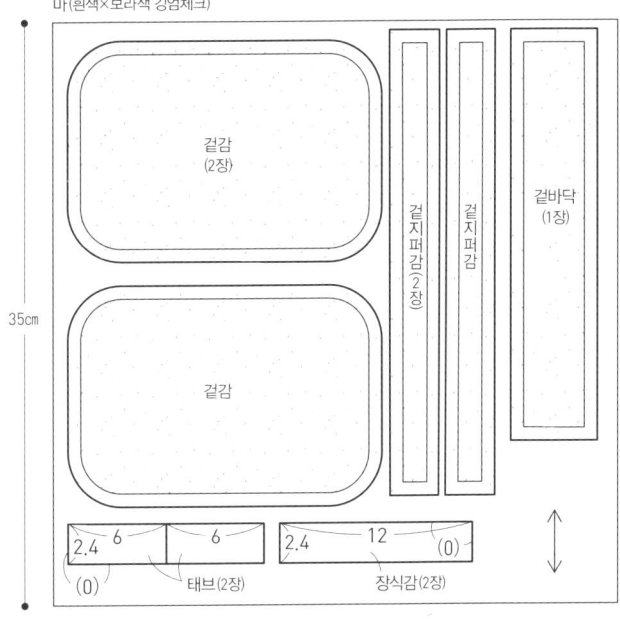

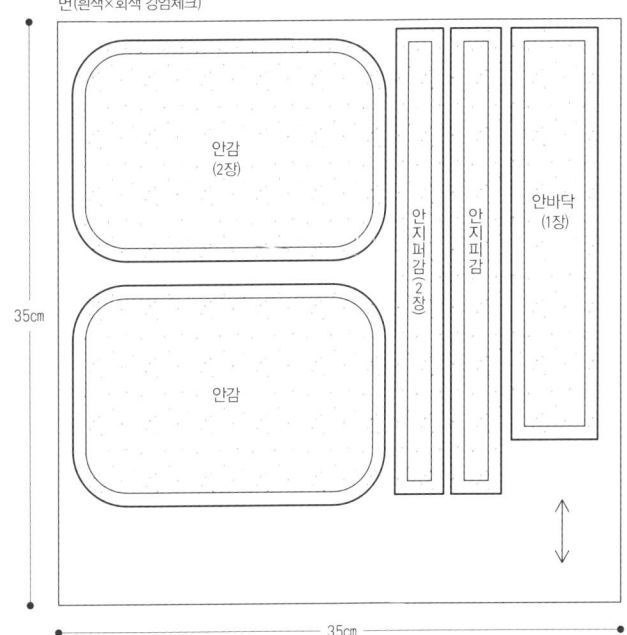

※( )안의 숫자는 시접, 정해진 곳 이외 시접은 0.8cm
※ ▨는 접착심을 붙인다
※실물 크기 패턴은 시접 포함

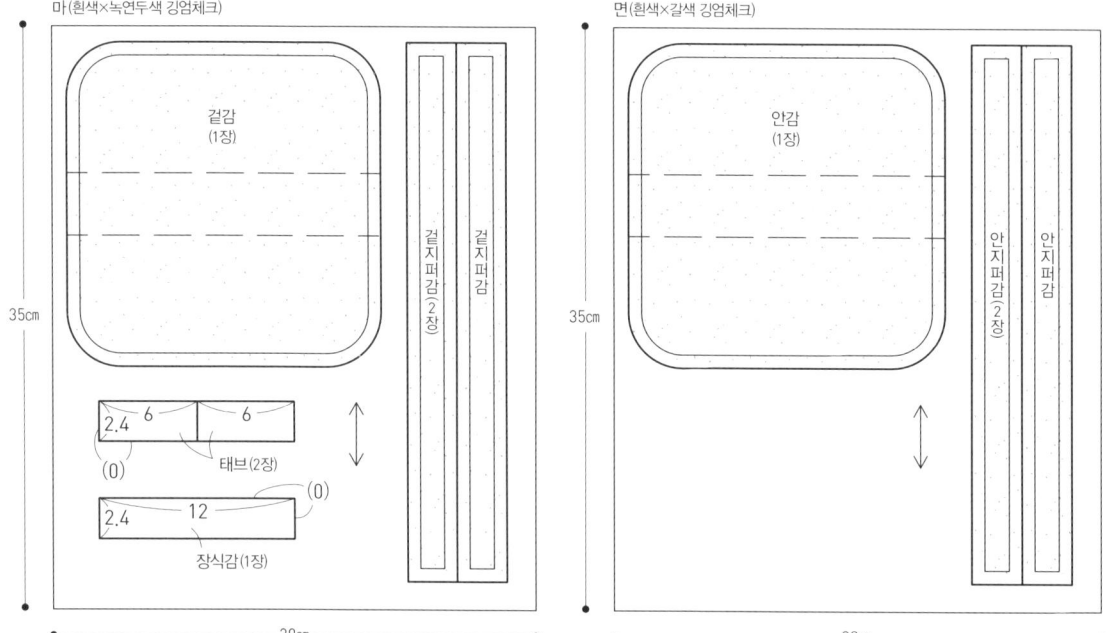

마(흰색×녹연두색 깅엄체크)

겉감
(1장)

35cm

2.4 | 6 | 6
(0)
태브(2장)

2.4 | 12 | (0)
장식감(1장)

겉지퍼감(2장)

겉지퍼감

30cm

면(흰색×갈색 깅엄체크)

안감
(1장)

35cm

안지퍼감(2장)

안지퍼감

30cm

※( )안의 숫자는 시접, 정해진 곳 이외 시접은 0.8cm
※▨는 접착심을 붙인다
※실물 크기 패턴은 시접 포함

〈b〉 How to make

1 지퍼감에 지퍼를 단다

※만드는 법(p.21)

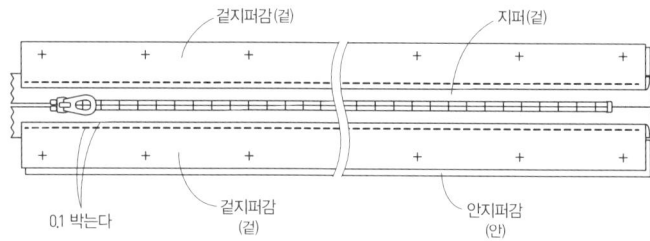

겉지퍼감(겉)

지퍼(겉)

0.1 박는다

겉지퍼감
(겉)

안지퍼감
(안)

2 겉감과 지퍼감을 합쳐서 박는다

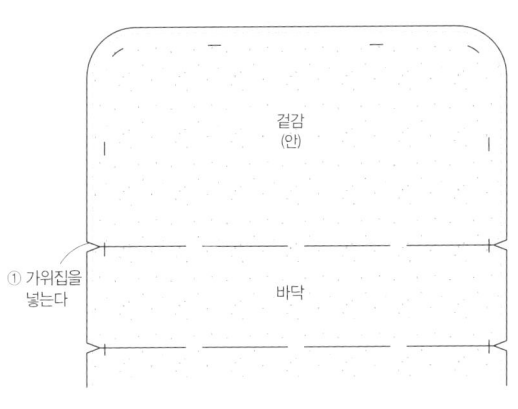

① 가위집을 넣는다

겉감
(안)

바닥

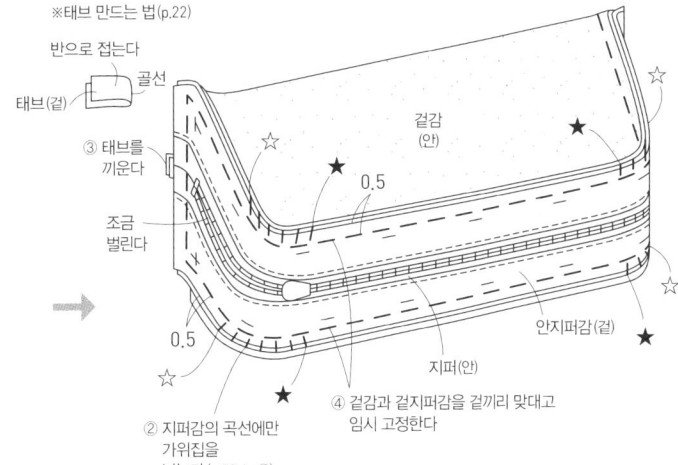

※태브 만드는 법(p.22)

반으로 접는다

태브(겉)

골선

③ 태브를 끼운다

조금 벌린다

0.5

0.5

② 지퍼감의 곡선에만 가위집을 넣는다(p.22 4-①)

★

☆

겉감
(안)

★

안지퍼감(겉)

★

지퍼(안)

☆

☆

④ 겉감과 겉지퍼감을 겉끼리 맞대고 임시 고정한다

3 겉감과 안감을 합쳐서 박는다

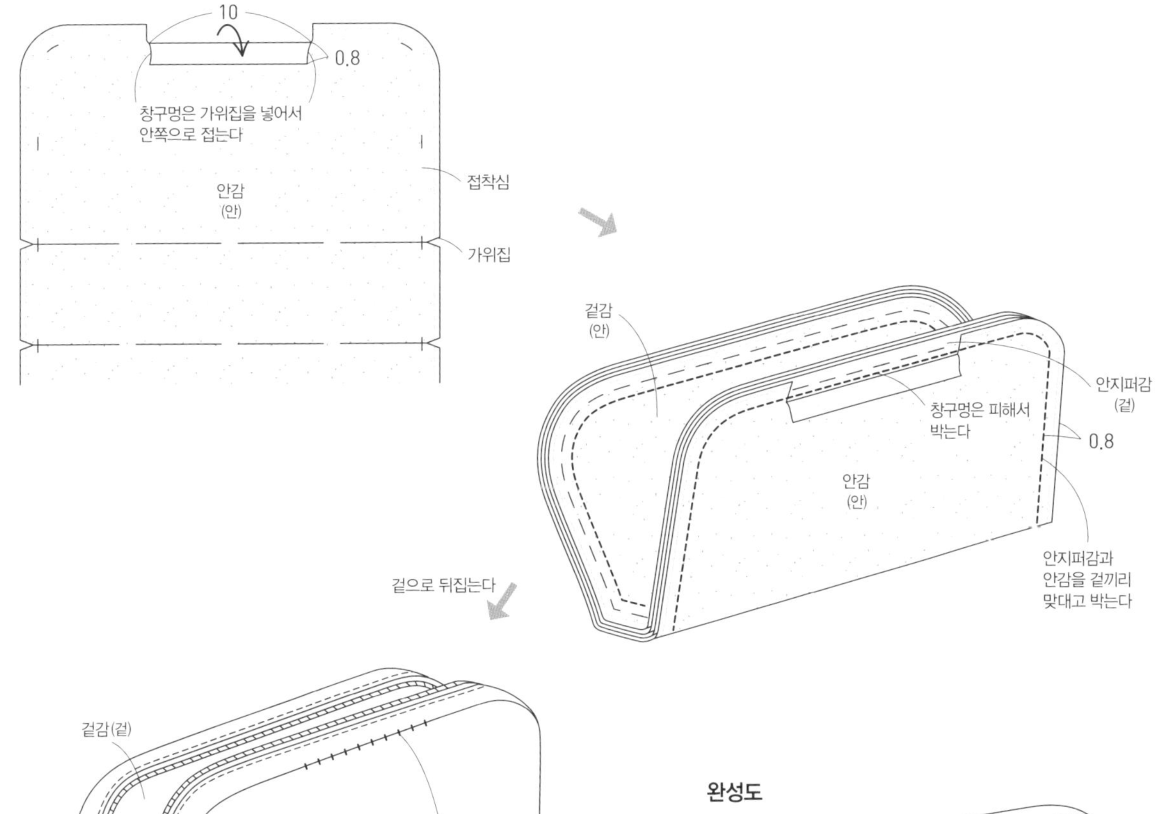

10

0.8

창구멍은 가위집을 넣어서 안쪽으로 접는다

안감
(안)

접착심

가위집

겉감
(안)

창구멍은 피해서 박는다

안지퍼감
(겉)

0.8

안감
(안)

안지퍼감과 안감을 겉끼리 맞대고 박는다

겉으로 뒤집는다

겉감(겉)

안감
(겉)

안지퍼감
(겉)

지퍼(안)

창구멍을 막는다

완성도

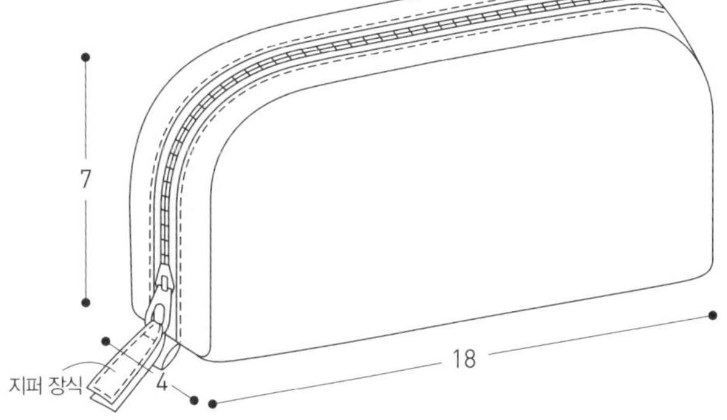

7

18

4

지퍼 장식

C.
토트백
photo p.24

완성 치수
폭 28cm×높이 25cm×바닥 폭 10cm
재료
옥스퍼드(지도 무늬)…80cm×40cm
기모 인디고 리넨…64cm×52cm
샴브레이 데님…40cm×54cm
접착 퀼트심…44cm×62cm
비슬론® 지퍼…길이 40cm 1개
갈색 가죽…3cm×3cm 2장
티롤리안 테이프…폭 1.2cm×20cm
시계 모양 참장식…1개

재단 배치도

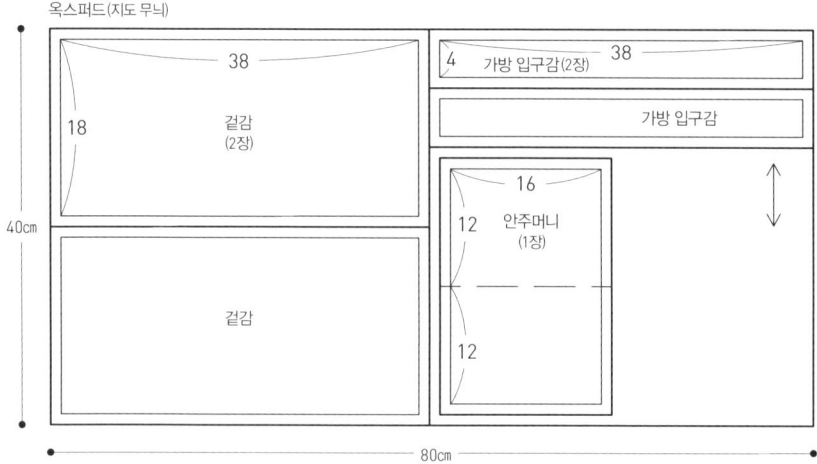

옥스퍼드(지도 무늬)

38
겉감
(2장)
18

4
가방 입구감(2장)
38
가방 입구감

16
안주머니
(1장)
12

12

겉감

40cm

80cm

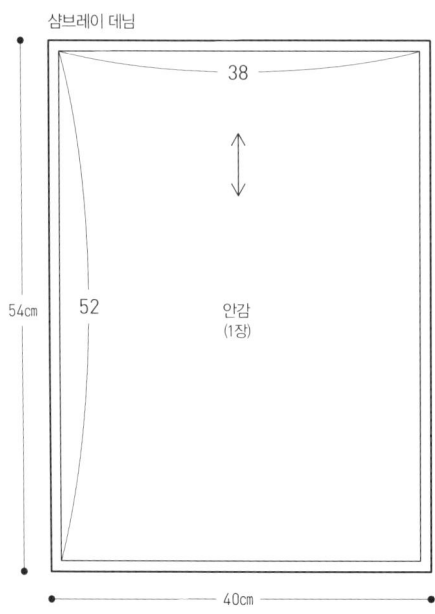

샴브레이 데님

38

안감
(1장)
52

54cm

40cm

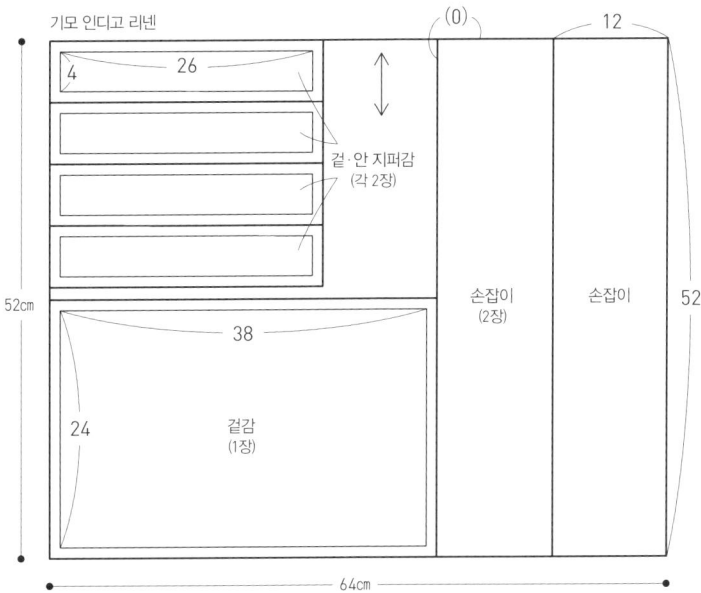

기모 인디고 리넨

26
4
겉·안 지퍼감
(각 2장)
(0)
12
손잡이
(2장)
손잡이
52
52cm
38
24
겉감
(1장)
64cm

※ ( ) 안의 숫자는 시접, 정해진 곳 이외 시접은 1cm

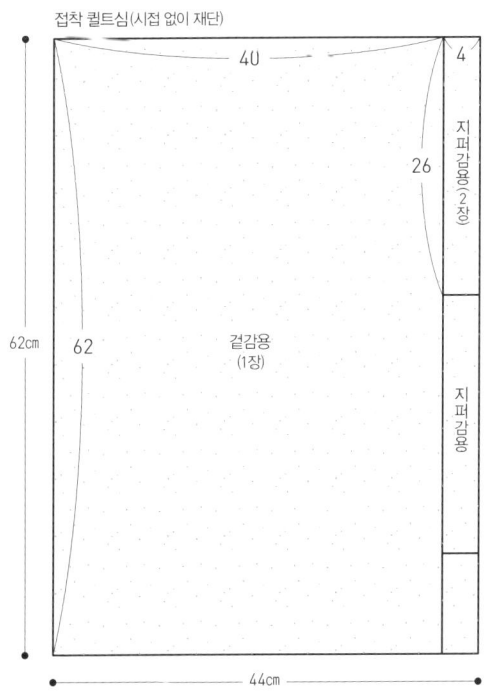

접착 퀼트심(시접 없이 재단)

40
4
지퍼감용(2장)
26
62cm
62
겉감용
(1장)
지퍼감용
44cm

I.
턱 스커트

photo p.46

완성 치수

(왼쪽부터 S/M/L/XL)

스커트 길이(허리 벨트 포함)···64/65/66/66cm

허리둘레···65/68/72/76cm

재료

트윌(모카색)···폭 110cm×155/155/160/160cm

얇은 면···5cm×5cm

접착심···80cm×3cm

플랫 니트® 지퍼···길이 20cm 1개

단추···지름 1.5cm 1개

실물 크기 패턴 A면 l

1 앞·뒤 스커트

재단 배치도

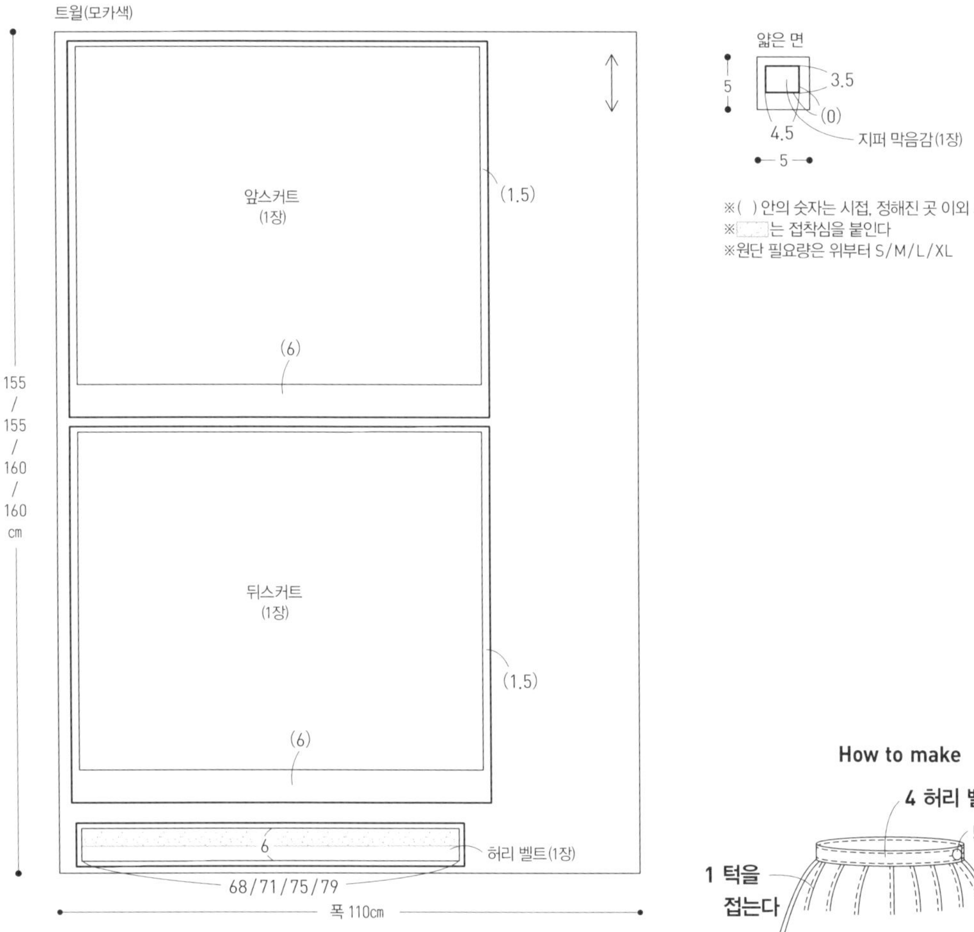

트윌(모카색)

앞스커트
(1장)

(1.5)

(6)

뒤스커트
(1장)

(1.5)

(6)

155
/
155
/
160
/
160
cm

6

68 / 71 / 75 / 79

허리 벨트(1장)

폭 110cm

얇은 면

5

3.5

(0)

4.5

5

지퍼 막음감(1장)

※( ) 안의 숫자는 시접, 정해진 곳 이외 시접은 1cm
※□□□는 접착심을 붙인다
※원단 필요량은 위부터 S/M/L/XL

How to make

4 허리 벨트를 단다

5 단춧구멍을 만들고,
단추를 단다

1 턱을
접는다

2 왼쪽 옆선에
지퍼를 단다

3 오른쪽 옆선을
박는다

6 스커트 밑단을
처리한다

d.
바깥주머니 달린
파우치

photo p.28

완성 치수
폭 21cm×높이 12cm

재료
옥스퍼드 (지도 무늬)···25cm×30cm
면마 (스트라이프 무늬)···25cm×45cm
얇은 접착 퀼트심···25cm×30cm
금속 지퍼···길이 20cm 1개
티롤리안 테이프···폭 1.2cm×23cm
강아지 모양 장식 단추···1개

재단 배치도

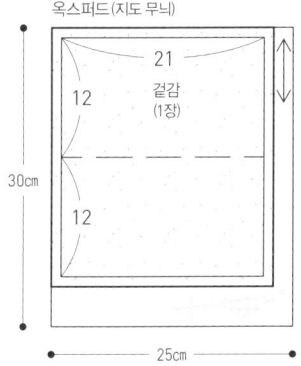

옥스퍼드(지도 무늬)

21
겉감
(1장)
12
12
30cm
25cm

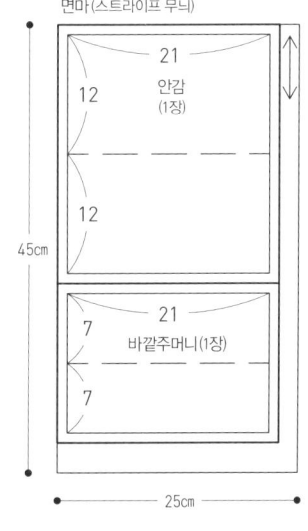

면마 (스트라이프 무늬)

21
안감
(1장)
12
12

21
바깥주머니(1장)
7
7

45cm
25cm

※시접은 모두 1cm
※ ▭ 는 얇은 접착 퀼트심을 붙인다

1 바깥주머니를 만들어서 몸판 겉감에 단다

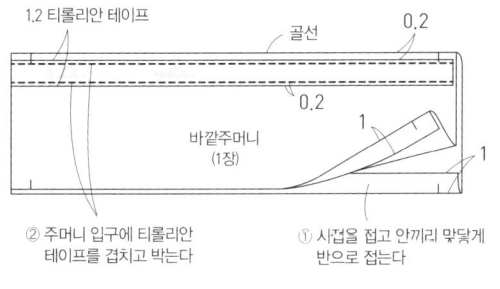

1.2 티롤리안 테이프
골선
0.2
0.2
바깥주머니
(1장)
1
1
② 주머니 입구에 티롤리안 테이프를 겹치고 박는다
① 시접을 접고 안끼리 맞닿게 반으로 접는다

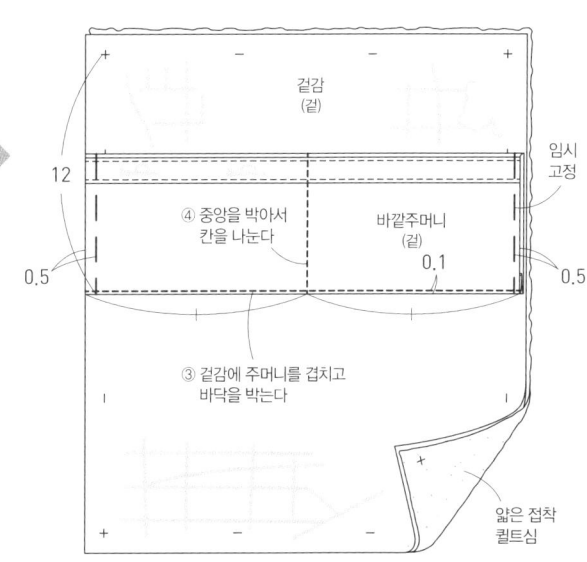

겉감
(겉)
임시
고정
12
④ 중앙을 박아서 칸을 나눈다
바깥주머니
(겉)
0.5
0.1
0.5
③ 겉감에 주머니를 겹치고 바닥을 박는다
얇은 접착
퀼트심

2 파우치 입구에 지퍼를 단다

※지퍼 달기(p.29)

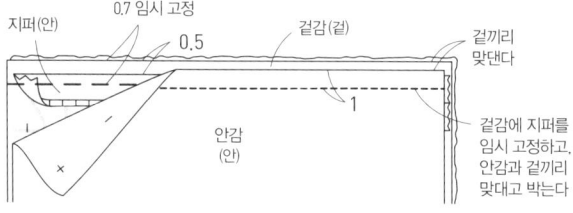

지퍼(안)
0.7 임시 고정
0.5
겉감(겉)
겉끼리 맞댄다

겉감에 지퍼를 임시 고정하고, 안감과 겉끼리 맞대고 박는다

안감 (안)
1

3 겉감·안감의 옆선을 박는다

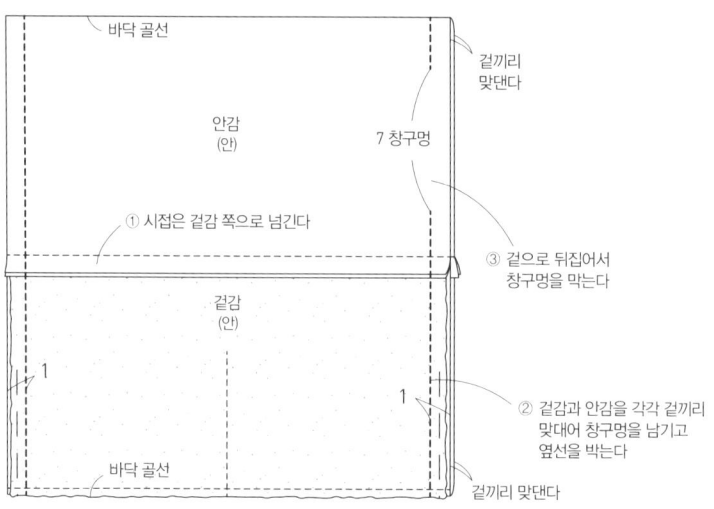

바닥 골선

안감 (안)

겉끼리 맞댄다

7 창구멍

① 시접은 겉감 쪽으로 넘긴다

③ 겉으로 뒤집어서 창구멍을 막는다

겉감 (안)

1

1

② 겉감과 안감을 각각 겉끼리 맞대어 창구멍을 남기고 옆선을 박는다

바닥 골선

겉끼리 맞댄다

완성도

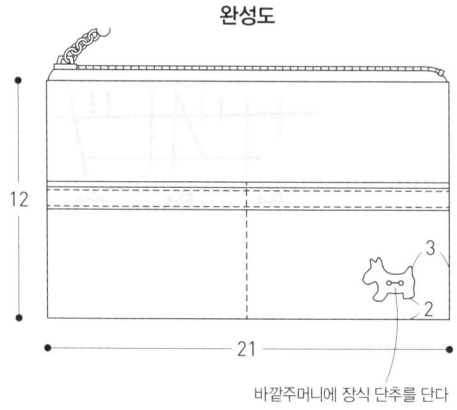

12

3

2

21

바깥주머니에 장식 단추를 단다

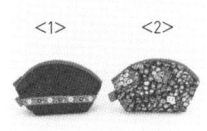

<1> <2>

e.
미니 파우치
photo p.30

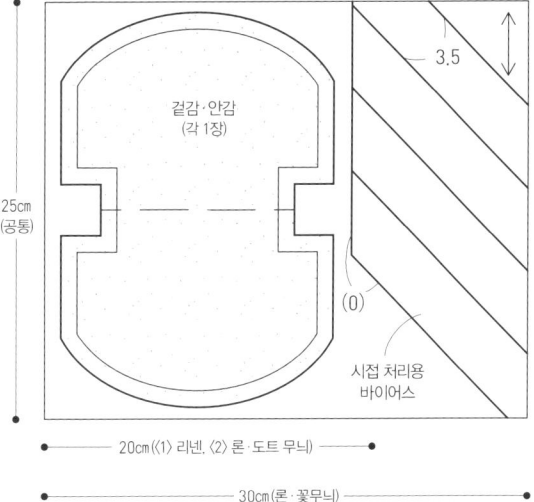

〈1〉 겉감 리넨(남색)·안감 론 (꽃무늬)
〈2〉 겉감 론 (꽃무늬)·안감 론 (도트 무늬)

3.5

겉감·안감
(각 1장)

25cm
(공통)

(0)

시접 처리용
바이어스

20cm(〈1〉 리넨, 〈2〉 론·도트 무늬)

30cm(론·꽃무늬)

※( ) 안의 숫자는 시접, 정해진 곳 이외 시접은 1cm
※시접 처리용 바이어스는 론(꽃무늬)만
※□□□는 〈2〉의 겉감에만 얇은 접착 퀼트심을 붙인다
※실물 크기 패턴은 시접 포함

완성 치수
폭 10cm×높이 8.5cm×바닥 폭 5cm
재료
〈1〉
리넨(남색)…20cm×25cm
론(꽃무늬)…30cm×25cm
티롤리안 테이프…폭 1.4cm×17cm
〈2〉
론(꽃무늬)…30cm×25cm
론(도트 무늬)…20cm×25cm
자수 리본…폭 1cm×2cm
얇은 접착 퀼트심…18cm×25cm
〈1·2 공통〉
플랫 니트® 지퍼…길이 17cm 1개
갈색 가죽…폭 1.5cm×5cm
실물 크기 패턴 A면 e
1 겉감·안감

1 겉감에 테이프와 리본을 단다

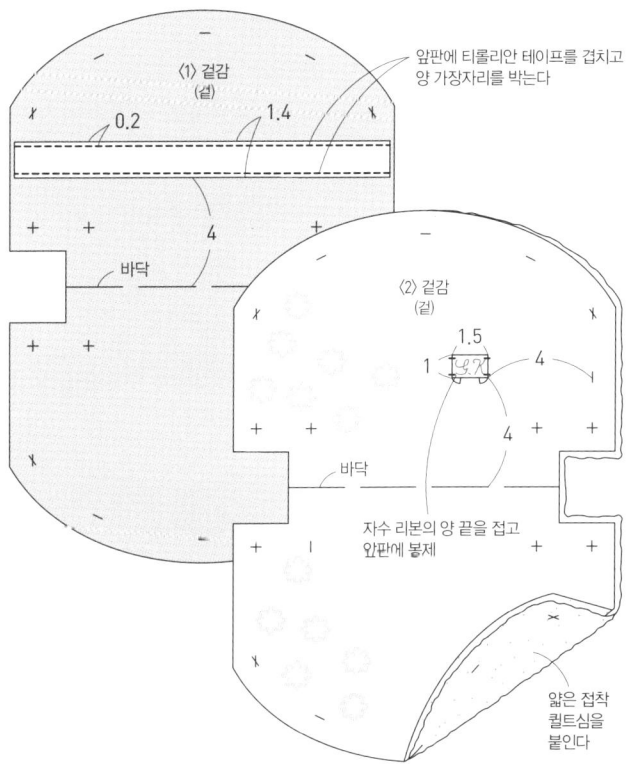

〈1〉 겉감
(겉)

0.2

1.4

앞판에 티롤리안 테이프를 겹치고
양 가장자리를 박는다

4

바닥

〈2〉 겉감
(겉)

1.5

1

4

4

바닥

자수 리본의 양 끝을 접고
앞판에 봉제

얇은 접착
퀼트심을
붙인다

2 파우치 입구에 지퍼를 단다

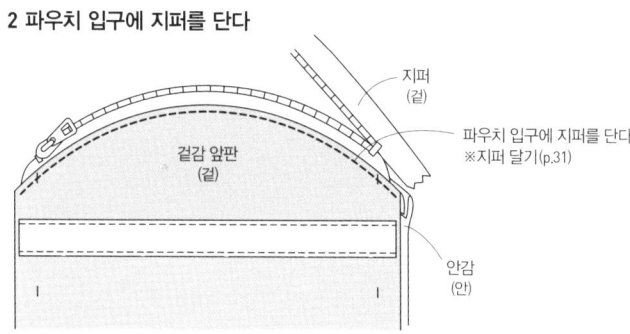

지퍼
(겉)

파우치 입구에 지퍼를 단다
※지퍼 달기(p.31)

겉감 앞판
(겉)

안감
(안)

3 옆선과 바닥 폭을 박고, 시접을 처리한다

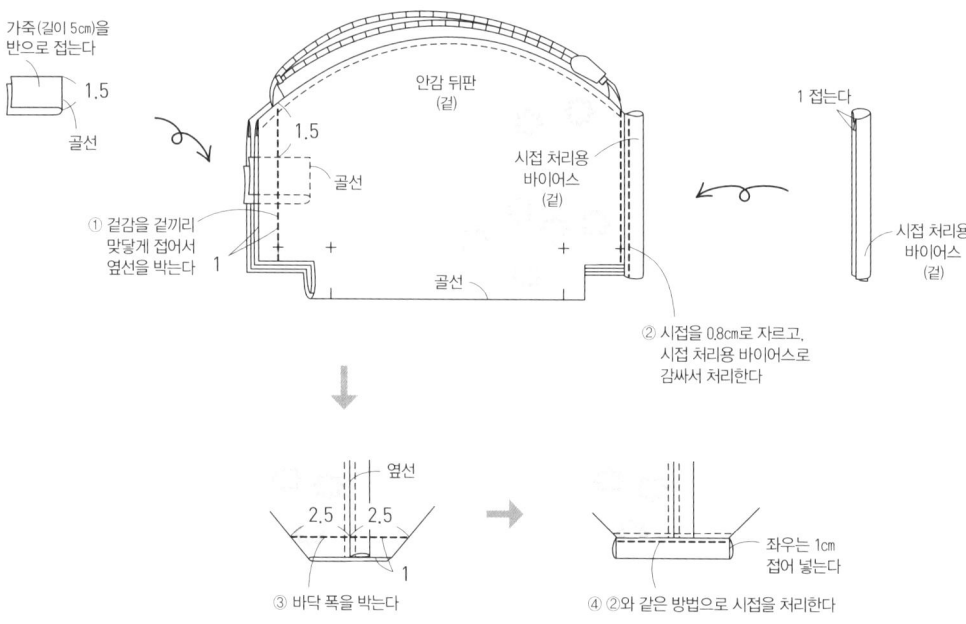

가죽(길이 5㎝)을
반으로 접는다

1.5

골선

① 겉감을 겉끼리
맞닿게 접어서
옆선을 박는다

1.5

골선

안감 뒤판
(겉)

시접 처리용
바이어스
(겉)

골선

② 시접을 0.8㎝로 자르고,
시접 처리용 바이어스로
감싸서 처리한다

1 접는다

시접 처리용
바이어스
(겉)

옆선

2.5 2.5

1

③ 바닥 폭을 박는다

좌우는 1㎝
접어 넣는다

④ ②와 같은 방법으로 시접을 처리한다

완성도

〈1〉

8.5

10   5

〈2〉

8.5

10   5

f.
지갑
photo p.32

완성 치수

폭 9cm×높이 9cm×바닥 폭 1cm

재료

면(도트 무늬)…12cm×22cm

면(스트라이프 무늬)…30cm×22cm

접착심…22cm×42cm

금속 지퍼…길이 16cm(20cm를 줄여서 써도 가능) 1개

우드 링…지름 1.8cm 1개

원형 링…2개

체인…2.5cm

실물 크기 패턴 A면 f

1 겉감·안감

재단 배치도

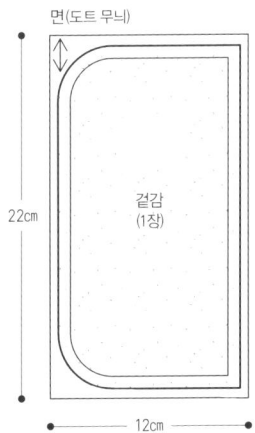

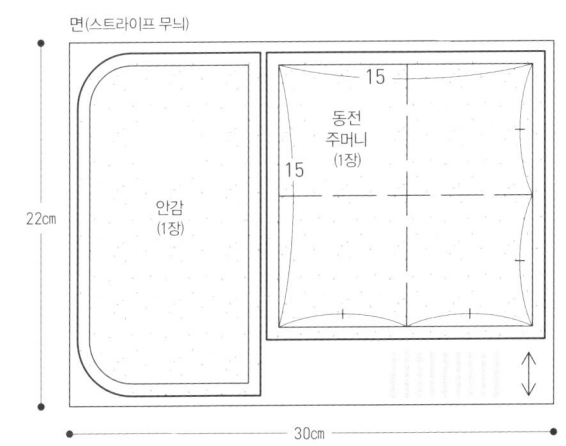

※( ) 안의 숫자는 시접.
  정해진 곳 이외 시접은 0.8cm
※▨는 접착심을 붙인다
※실물 크기 패턴은 시접 포함

1 겉감의 지갑 입구에 지퍼를 단다

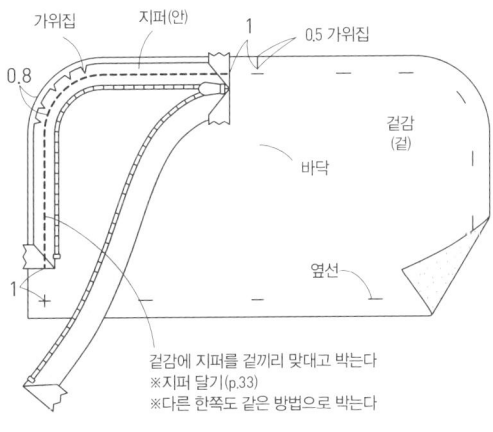

2 겉감의 옆선을 박고, 바닥에 폭을 만든다

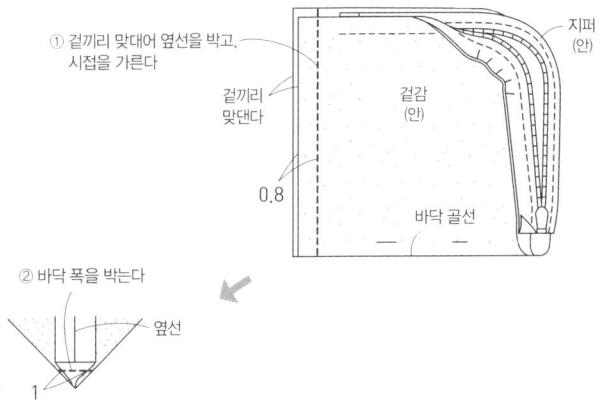

3 동전 주머니를 만들어서 안감 옆선에 끼우고 박는다

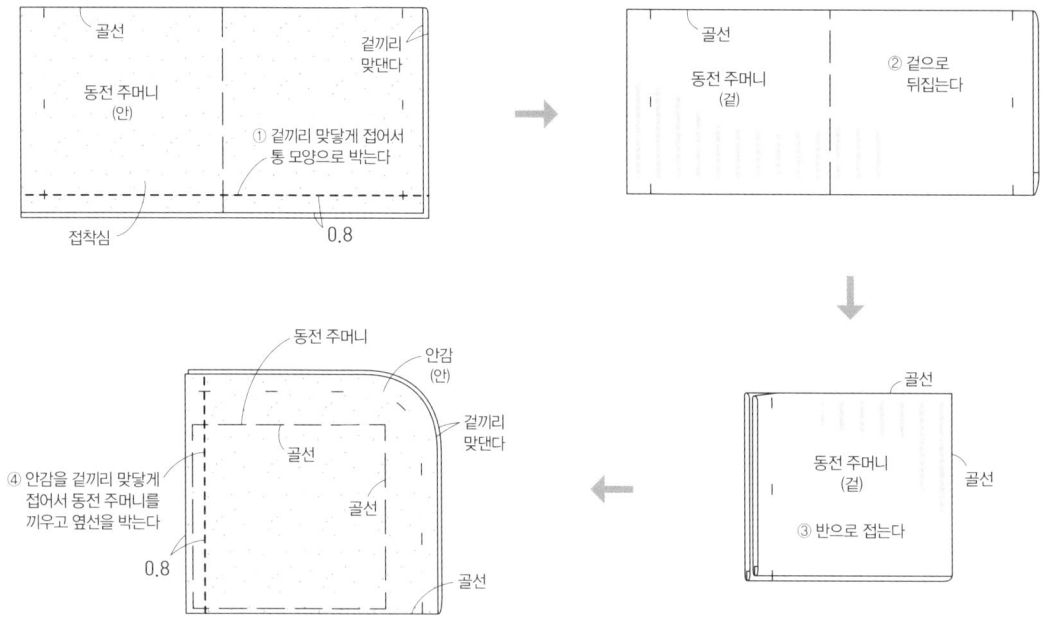

4 겉지갑 안쪽에 안지갑을 단다

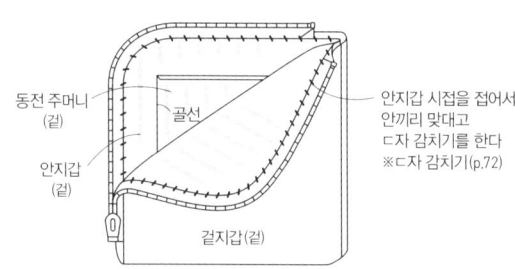

완성도

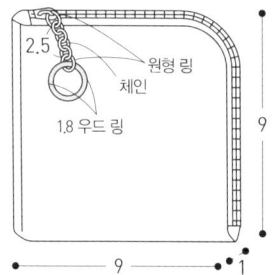

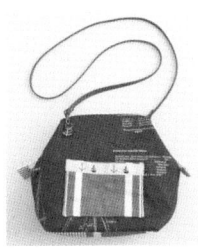

g.
**와이어 프레임
크로스백**

photo p.34

완성 치수
폭 20cm×높이 23cm×바닥 폭 14cm
재료
USA면(요트 무늬)…88cm×25cm
트윌(스트라이프 무늬)…58cm×62cm
접착 퀼트심…36cm×62cm
비슬론® 지퍼…길이 40cm 1개
테이프…폭 2cm×17cm 2종

와이어 프레임…18cm×7cm 1쌍
태브용 가죽…1cm×4cm 2장
가죽 테이프…폭 0.9cm×120cm
D링…안지름 폭 1.2cm 2개
열쇠고리(부속)…안지름 폭 1.3cm 2개
양면 리벳…지름 0.7cm 2쌍
장식 리벳…2종 각 1쌍
단추…지름 1.8cm 1개

재단 배치도

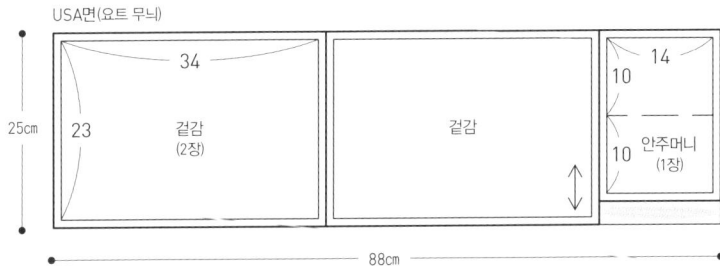

USA면(요트 무늬)

25cm

34
겉감
(2장)
23

겉감

14
10
안주머니
(1장)
10

88cm

※( ) 안의 숫자는 시접, 정해진 곳 이외 시접은 1cm

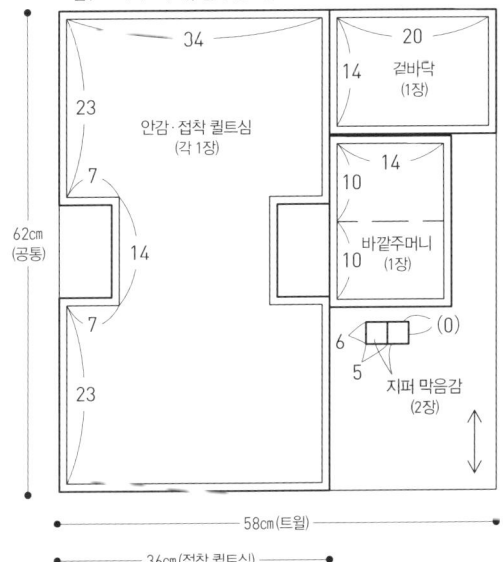

트윌(스트라이프 무늬)/접착 퀼트심

34
안감·접착 퀼트심
(각 1장)
23
7
14
7
23

20
겉바닥
(1장)
14

14
10
바깥주머니
(1장)
10

6
5
지퍼 막음감
(2장)

62cm
(공통)

58cm(트윌)

36cm(접착 퀼트심)

(0)

1 주머니를 만든다

※안주머니·바깥주머니 모두 같다

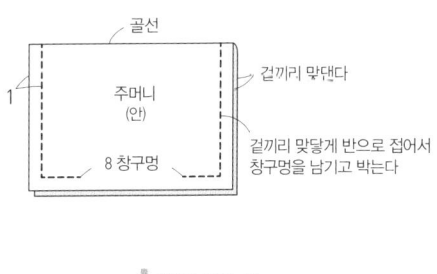

골선

1

주머니
(안)

8 창구멍

겉끼리 맞댄다

겉끼리 맞닿게 반으로 접어서
창구멍을 남기고 박는다

겉으로 뒤집는다

주머니 입구에 길이 17cm 테이프를 겹치고,
끝을 안쪽으로 접어 넣어서 박는다

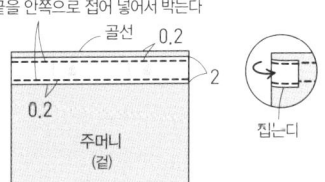

골선   0.2

2

0.2

주머니
(겉)

집는다

2 안감에 안주머니를 단다

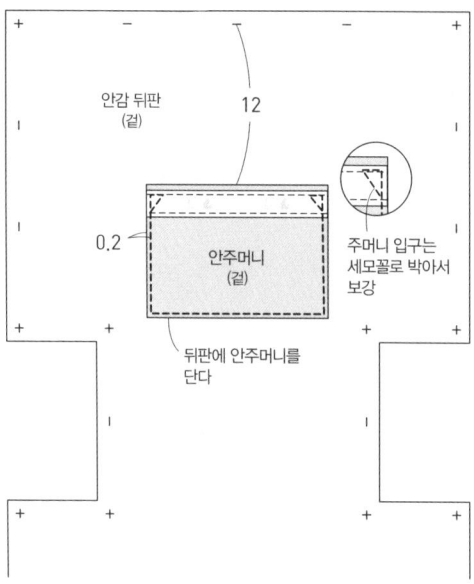

안감 뒤판
(겉)

12

0.2

안주머니
(겉)

주머니 입구는
세모꼴로 박아서
보강

뒤판에 안주머니를
단다

3 겉감과 겉바닥을 잇고, 바깥주머니를 단다

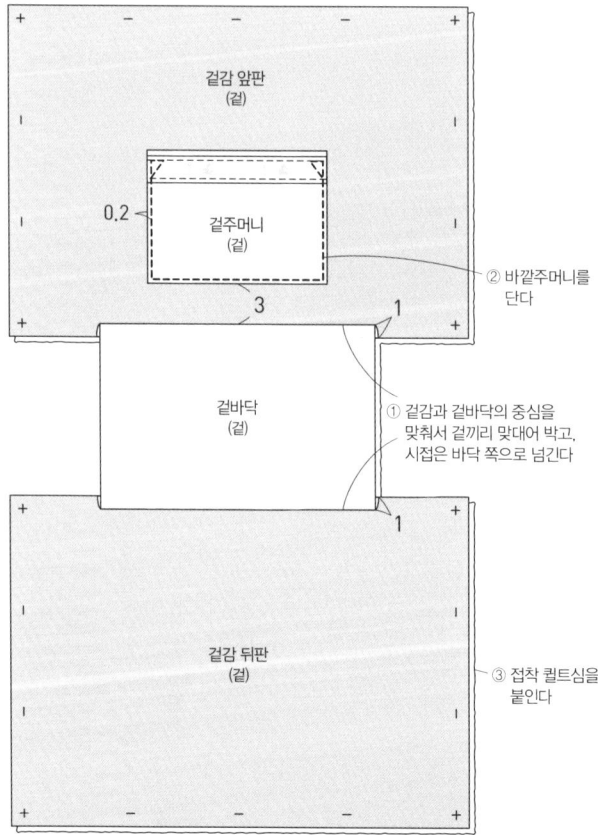

겉감 앞판
(겉)

0.2

겉주머니
(겉)

3

② 바깥주머니를
단다

1

겉바닥
(겉)

1

① 겉감과 겉바닥의 중심을
맞춰서 겉끼리 맞대어 박고,
시접은 바닥 쪽으로 넘긴다

겉감 뒤판
(겉)

③ 접착 퀼트심을
붙인다

4 가방 입구에 지퍼를 달고, 지퍼 상단과 하단을 처리한다

※지퍼 달기(p.35)

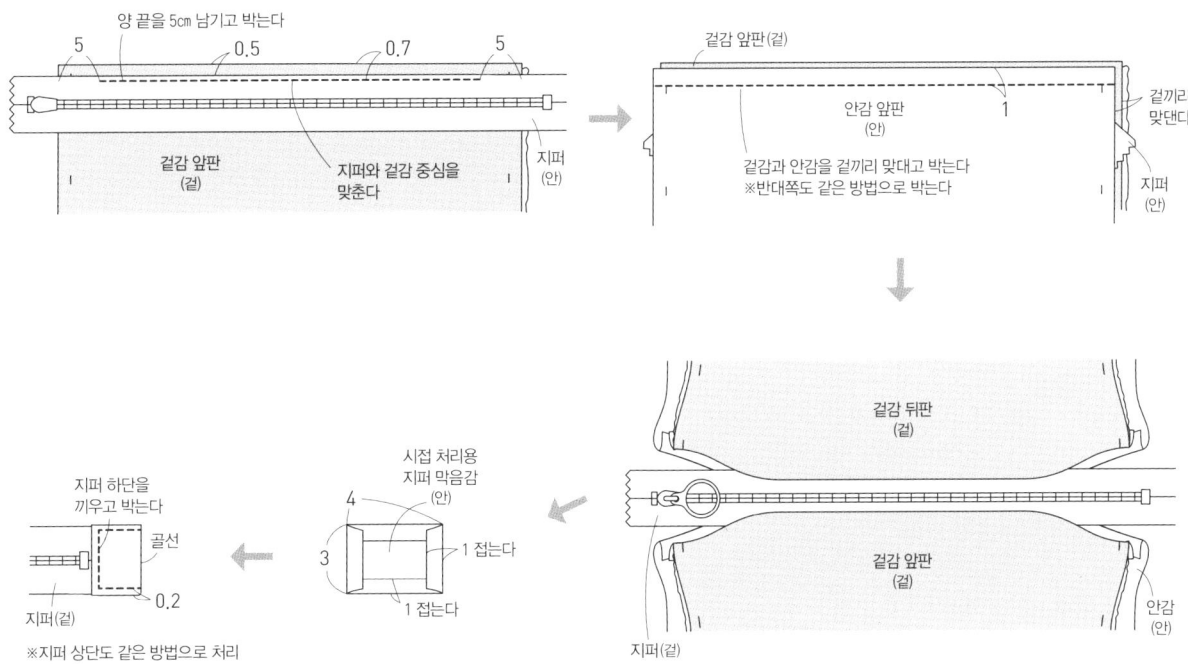

지퍼 하단을
끼우고 박는다

※지퍼 상단도 같은 방법으로 처리

5 겉감·안감의 옆선을 박고, 바닥 폭을 박는다

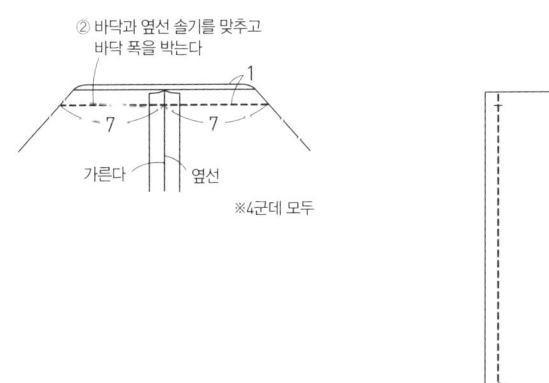

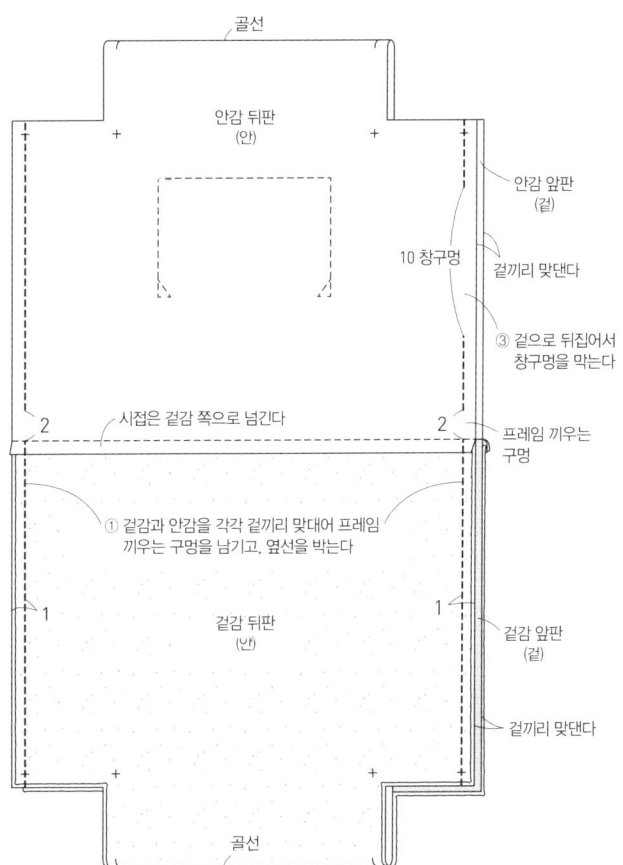

6 가방 입구에 스티치를 하고, 태브를 달고 나서 와이어 프레임을 끼운다

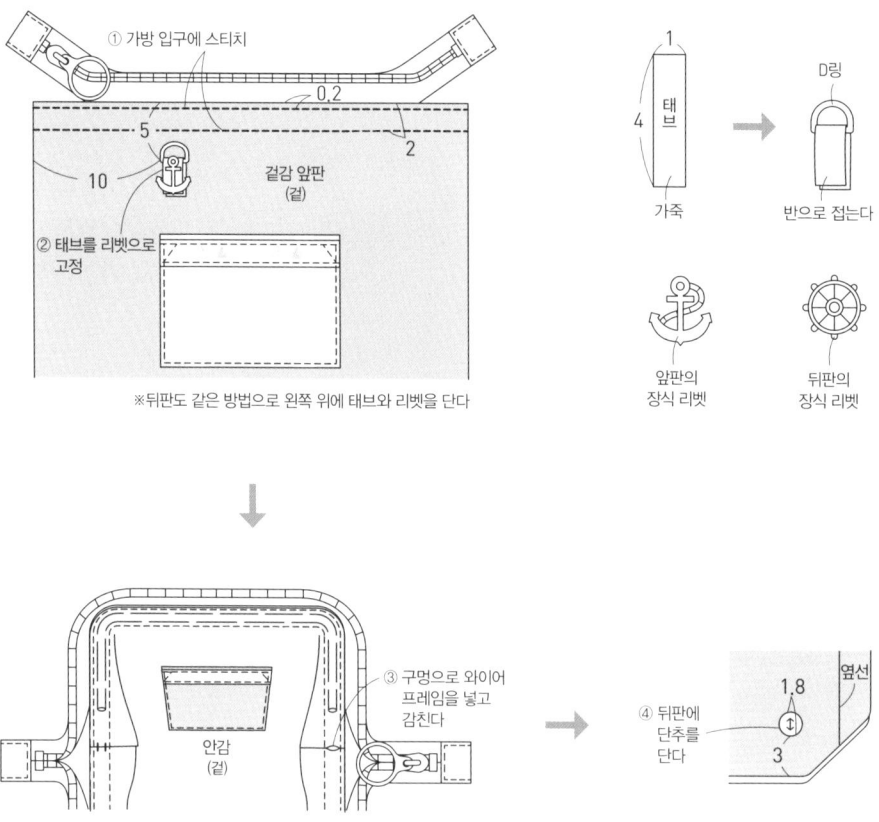

① 가방 입구에 스티치

0.2

5

10

2

겉감 앞판
(겉)

② 태브를 리벳으로
고정

※뒤판도 같은 방법으로 왼쪽 위에 태브와 리벳을 단다

1

4

태
브

가죽

D링

반으로 접는다

앞판의
장식 리벳

뒤판의
장식 리벳

③ 구멍으로 와이어
프레임을 넣고
감친다

안감
(겉)

④ 뒤판에
단추를
단다

옆선

1.8

3

완성도

가죽 테이프(길이 120cm)

어깨끈
※어깨끈 만드는 법(p.98)

0.9

23

20

14

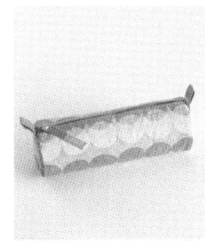

h.
필통
photo p.36

완성 치수
폭 20.5cm×높이 7cm×옆판 7cm
재료
면마(도트 무늬)…30cm×30cm
면마(보더 무늬)…30cm×25cm
접착심…30cm×50cm
금속 지퍼…길이 20cm 1개
양면 리벳(소)…1쌍
실물 크기 패턴 A면 h
1 겉옆판·안옆판

재단 배치도

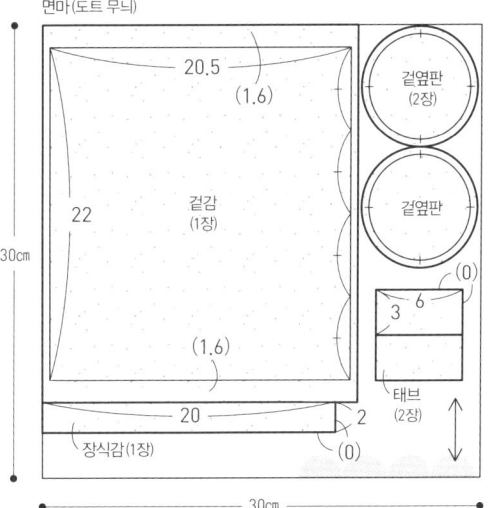

면마(도트 무늬)

겉옆판 (2장)
겉옆판
겉감 (1장)
20.5
(1.6)
22
(1.6)
30cm
20
2
(0)
장식감(1장)
3
6
(0)
태브 (2장)
30cm

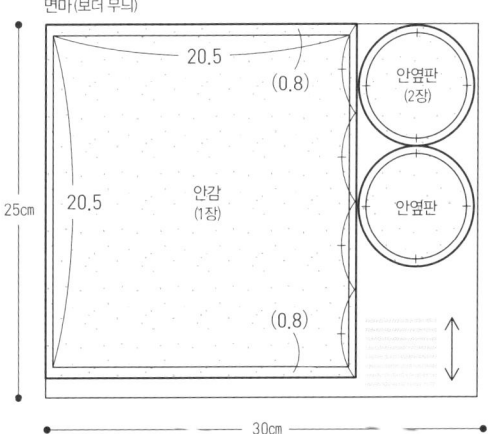

면마(보더 무늬)

안옆판 (2장)
안옆판
안감 (1장)
20.5
(0.8)
20.5
(0.8)
25cm
30cm

※( )안의 숫자는 시접. 정해진 곳 이외 시접은 0.5cm
※▨는 접착심을 붙인다
※실물 크기 패턴은 시접 포함

1 필통 입구에 지퍼를 단다

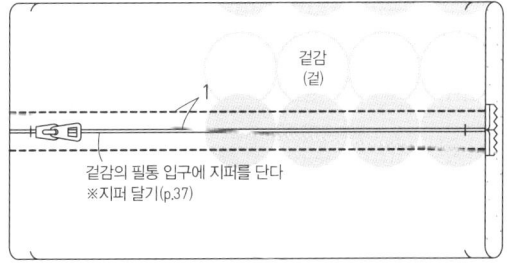

겉감 (겉)
1
겉감의 필통 입구에 지퍼를 단다
※지퍼 달기(p.37)

2 겉감과 안감을 잇는다

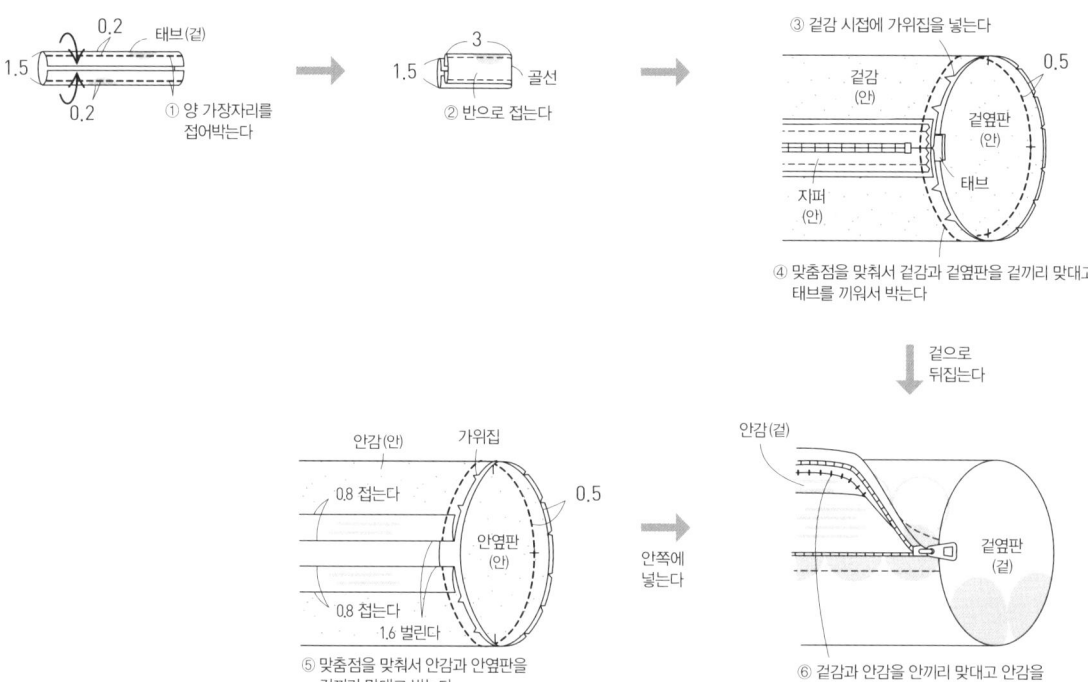

① 양 가장자리를 접어박는다

0.2
1.5
0.2
태브(겉)

② 반으로 접는다

1.5
3
골선

③ 겉감 시접에 가위집을 넣는다

겉감(안)
겉옆판(안)
지퍼(안)
태브
0.5

④ 맞춤점을 맞춰서 겉감과 겉옆판을 겉끼리 맞대고, 태브를 끼워서 박는다

겉으로 뒤집는다

⑤ 맞춤점을 맞춰서 안감과 안옆판을 겉끼리 맞대고 박는다

안감(안)
가위집
0.8 접는다
안옆판(안)
0.8 접는다
1.6 벌린다
0.5

안쪽에 넣는다

⑥ 겉감과 안감을 안끼리 맞대고 안감을 지퍼에 감친다

안감(겉)
겉옆판(겉)

3 지퍼 장식을 만든다

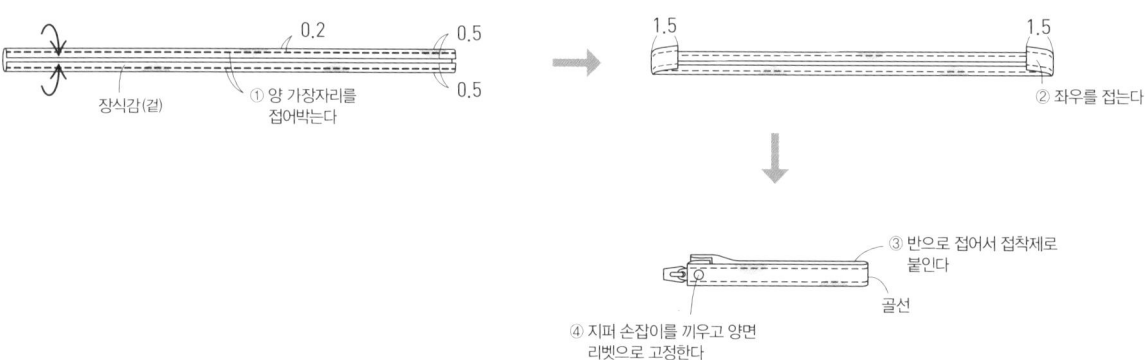

① 양 가장자리를 접어박는다

장식감(겉)
0.2
0.5
0.5

② 좌우를 접는다

1.5
1.5

③ 반으로 접어서 접착제로 붙인다

골선

④ 지퍼 손잡이를 끼우고 양면 리벳으로 고정한다

완성도

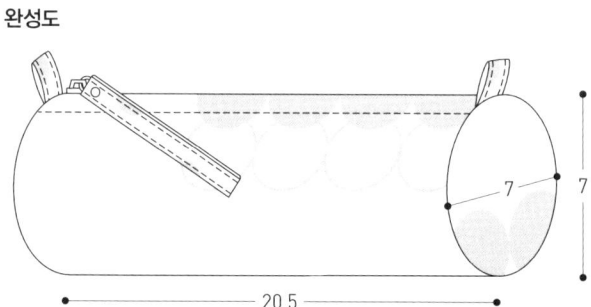

7
7
20.5

i.
크로스백
photo p.38

완성 치수
폭 22cm×높이 22.5cm

재료
면마 (프린트)···25cm×50cm
옥스퍼드 (갈색)···25cm×50cm
금속 지퍼···길이 20cm 1개
가죽 테이프···폭 0.9cm×130cm
D링···안지름 폭 1cm 2개
열쇠고리 (부속)···안지름 폭 1cm 2개
양면 리벳···지름 0.6cm 2쌍
양면 아일릿 (#200)···1쌍
체인···2.5cm
원형 링···2개

재단 배치도

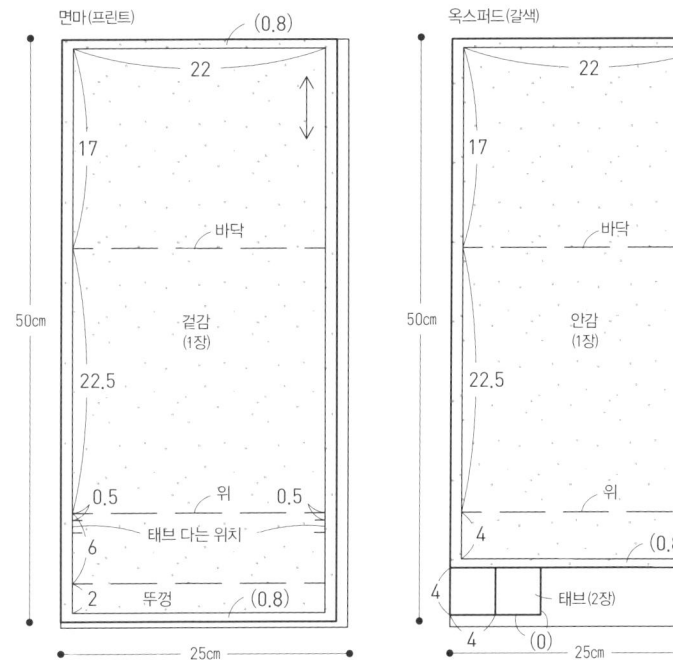

※ ( ) 안의 숫자는 시접, 정해진 곳 이외 시접은 1cm
※ [ ]는 접착심을 붙인다

〈태브〉

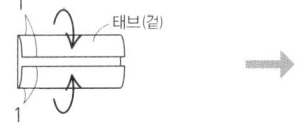

양 가장자리가 맞닿게 접고 다시
반으로 접어 양 가장자리를 박는다

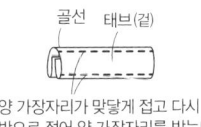

D링을 끼워서
반으로 접는다

〈어깨끈〉

가죽 테이프 (길이 120cm)

리벳 박을 위치에
구멍을 뚫는다

열쇠고리 (부속)을 끼우고
리벳으로 고정

〈스트랩〉

가죽 테이프 (길이 6cm)

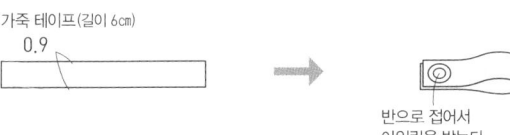

반으로 접어서
아일릿을 박는다

1 지퍼를 단다

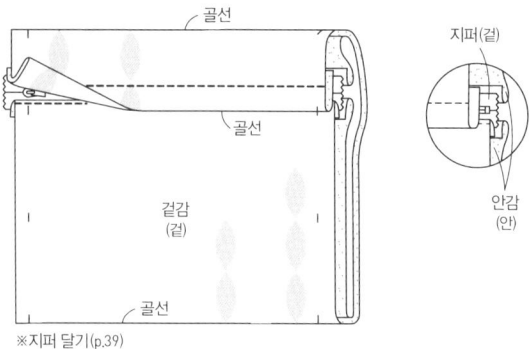

골선
골선
지퍼(겉)
겉감
(겉)
골선
안감
(안)

※지퍼 달기(p.39)

2 태브를 옆선에 임시 고정한다

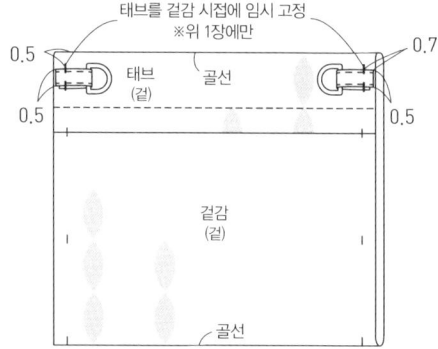

태브를 겉감 시접에 임시 고정
※위 1장에만
0.5
0.5
태브
(겉)
골선
0.7
0.5
겉감
(겉)
골선

3 옆선을 박는다

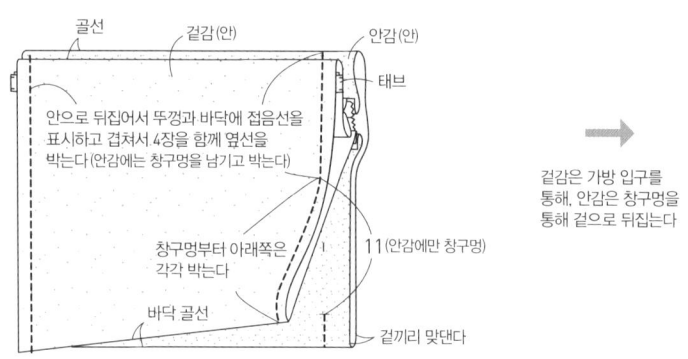

골선
겉감(안)
안감(안)
태브

안으로 뒤집어서 뚜껑과 바닥에 접음선을
표시하고 겹쳐서 4장을 함께 옆선을
박는다(안감에는 창구멍을 남기고 박는다)

창구멍부터 아래쪽은
각각 박는다

1 1(안감에만 창구멍)

바닥 골선
겉끼리 맞댄다

겉감은 가방 입구를
통해, 안감은 창구멍을
통해 겉으로 뒤집는다

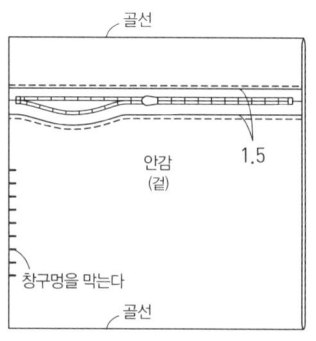

골선
안감
(겉)
1.5
창구멍을 막는다
골선

완성도

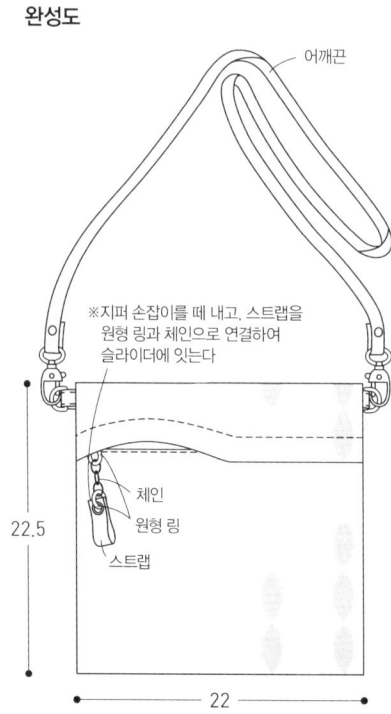

어깨끈

※지퍼 손잡이를 떼 내고, 스트랩을
원형 링과 체인으로 연결하여
슬라이더에 잇는다

체인
원형 링
스트랩

22.5

22

j.
주머니 토트백
photo p.40

완성 치수
폭 36cm×높이 30cm×바닥 폭 8cm

재료
마 캔버스…60cm×75cm
면마(스트라이프 무늬)…80cm×75cm
접착심…80cm×75cm
금속 지퍼…길이 20cm 1개
체인…3cm
원형 링…지름 0.5cm·0.7cm 각 1개

재단 배치도

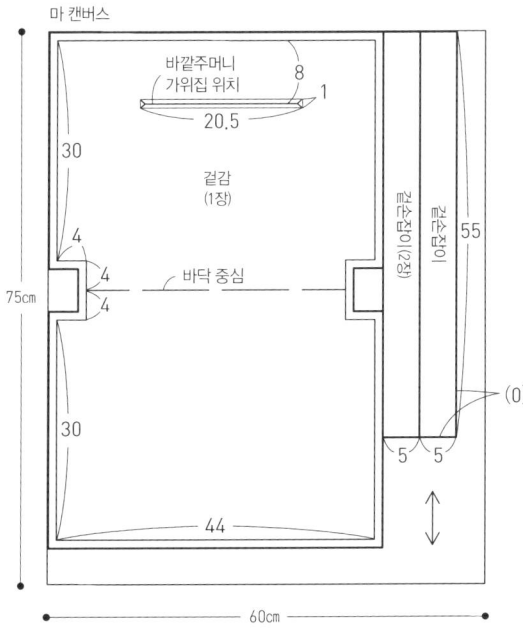

1 겉감에 가위집을 넣어 바깥주머니를 만든다

※바깥주머니 만드는 법(p.41)

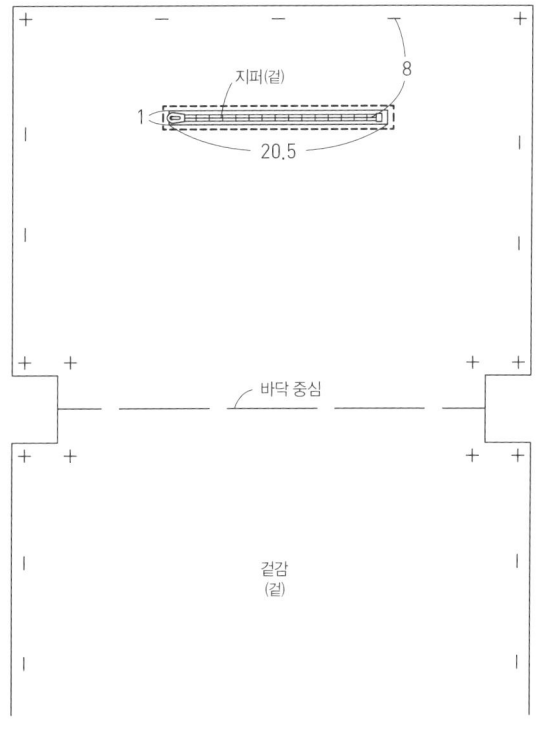

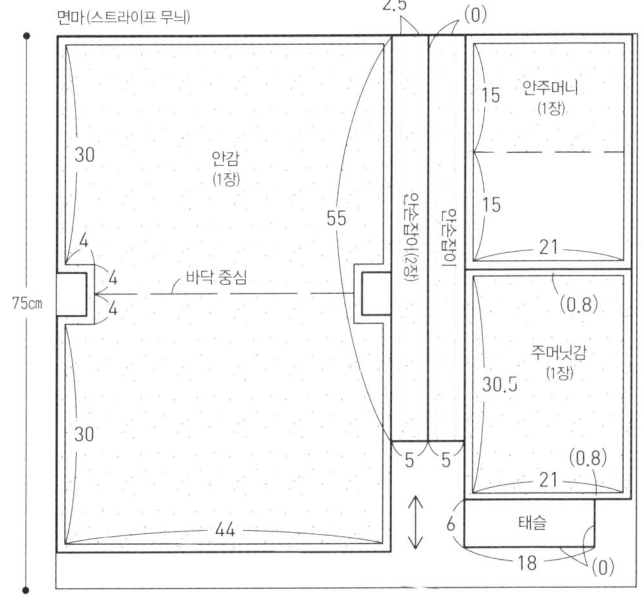

※( ) 안의 숫자는 시접, 정해진 곳 이외 시접은 1cm
※▨▨는 접착심을 붙인다

2 안주머니를 만들어 안감에 단다

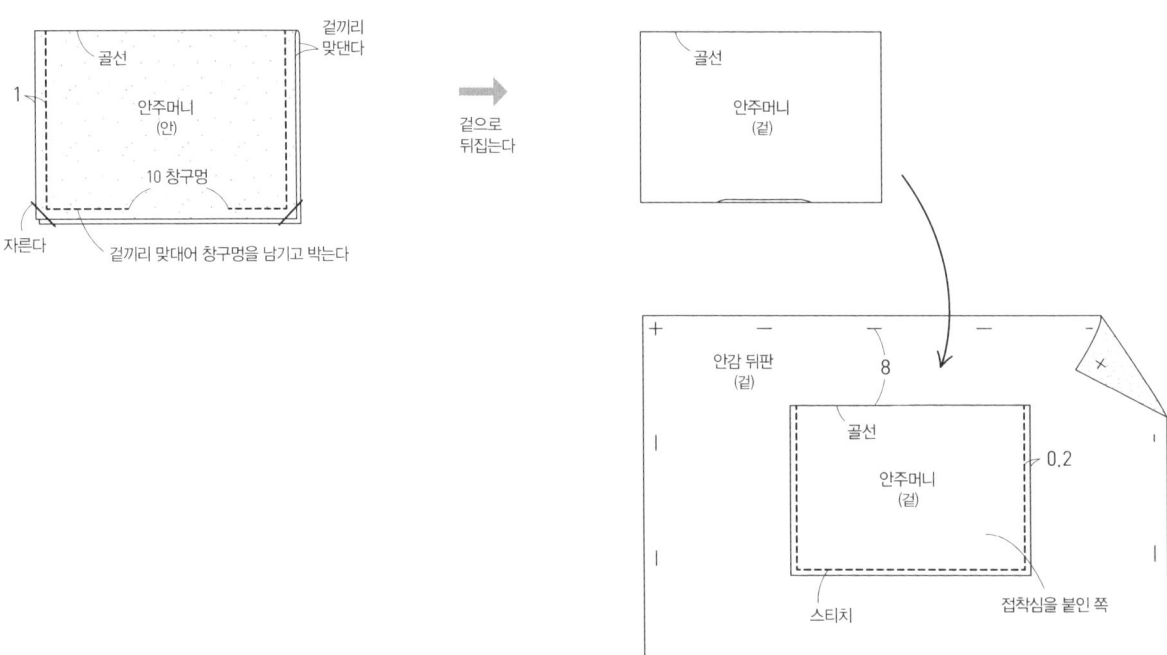

골선
겉끼리 맞댄다
안주머니
(안)
1
10 창구멍
자른다
겉끼리 맞대어 창구멍을 남기고 박는다

겉으로
뒤집는다

골선
안주머니
(겉)

안감 뒤판
(겉)
8
골선
안주머니
(겉)
0.2
스티치
접착심을 붙인 쪽
바닥 중심

3 겉감·안감의 옆선을 박고, 바닥에 폭을 만든다

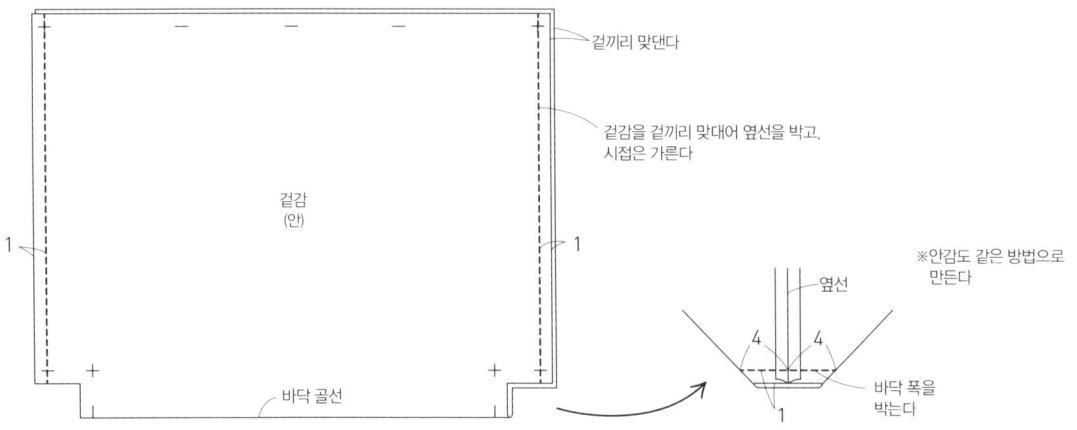

겉끼리 맞댄다

겉감을 겉끼리 맞대어 옆선을 박고,
시접은 가른다

겉감
(안)
1
1

바닥 골선

옆선
4   4
1
바닥 폭을
박는다

※안감도 같은 방법으로
만든다

4 손잡이를 만들어서 겉가방 입구에 임시 고정한다

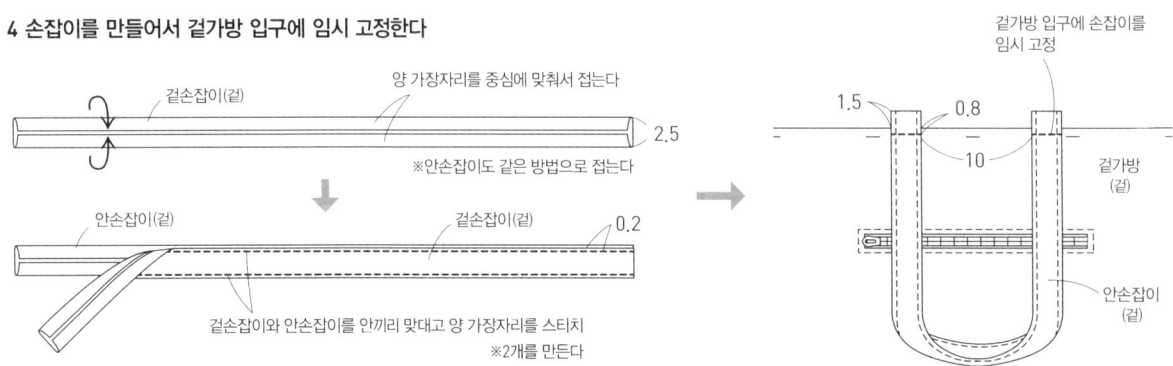

겉손잡이(겉)
양 가장자리를 중심에 맞춰서 접는다
2.5
※안손잡이도 같은 방법으로 접는다

안손잡이(겉)
겉손잡이(겉)
0.2
겉손잡이와 안손잡이를 안끼리 맞대고 양 가장자리를 스티치
※2개를 만든다

겉가방 입구에 손잡이를
임시 고정
1.5   0.8
10
겉가방
(겉)
안손잡이
(겉)

5 겉가방과 안가방을 안끼리 맞대고 잇는다

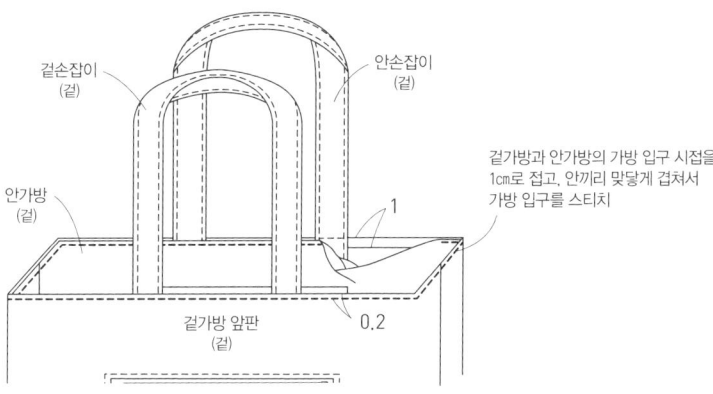

겉손잡이
(겉)

안손잡이
(겉)

겉가방과 안가방의 가방 입구 시접을
1㎝로 접고, 안끼리 맞닿게 겹쳐서
가방 입구를 스티치

안가방
(겉)

1

겉가방 앞판
(겉)

0.2

6 태슬을 만든다

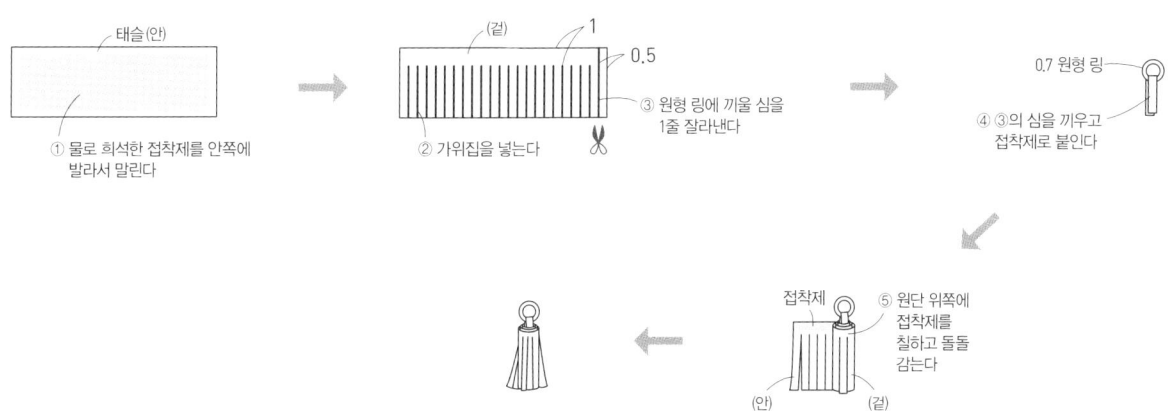

태슬(안)

① 물로 희석한 접착제를 안쪽에
발라서 말린다

(겉)

1

0.5

② 가위집을 넣는다

③ 원형 링에 끼울 심을
1줄 잘라낸다

0.7 원형 링

④ ③의 심을 끼우고
접착제로 붙인다

접착제

⑤ 원단 위쪽에
접착제를
칠하고 돌돌
감는다

(안)

(겉)

완성도

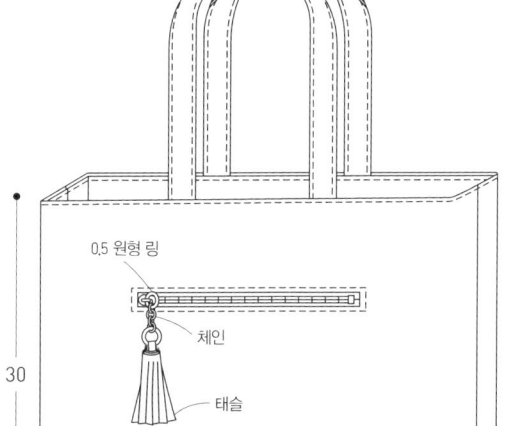

0.5 원형 링

체인

태슬

30

36

8

k.
주머니
크로스백

photo p.42

완성 치수

폭 16cm×높이 23cm×바닥 폭 4cm

재료

면마(꽃무늬)·리넨(보라색)…각 23cm×44cm

론(꽃무늬)…23cm×52cm

접착심…46cm×44cm

금속 지퍼(회색·초록색)…길이 20cm 각 1개

가죽 테이프…폭 0.9cm×120cm

태브용 가죽…1cm×4cm 2장

D링…안지름 폭 1cm 2개

열쇠고리(부속)…안지름 폭 1cm 2개

양면 리벳…지름 0.7cm 4쌍

레이스 모티브…1장

재단 배치도

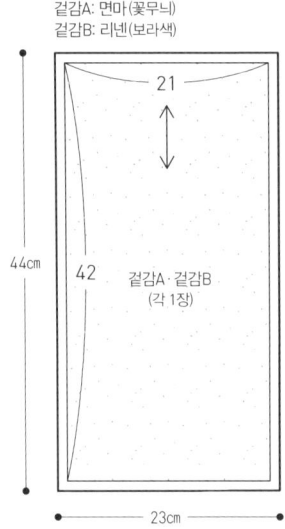

겉감A: 면마(꽃무늬)
겉감B: 리넨(보라색)

21

44cm

42

겉감A·겉감B
(각 1장)

23cm

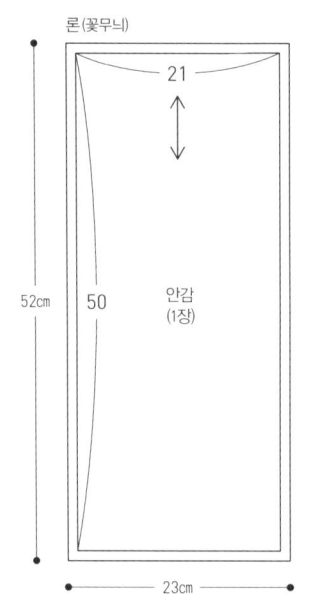

론(꽃무늬)

21

52cm 50

안감
(1장)

23cm

※시접은 모두 1cm

※ ▨ 는 접착심을 붙인다

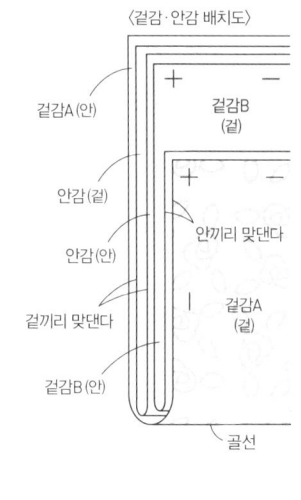

〈겉감·안감 배치도〉

겉감A(안)

겉감B
(겉)

안감(겉)

안감(안)

안끼리 맞댄다

겉끼리 맞댄다

겉감A
(겉)

겉감B(안)

골선

1 앞판 겉감과 주머니 입구에 지퍼를 단다

※지퍼 달기(p.43)

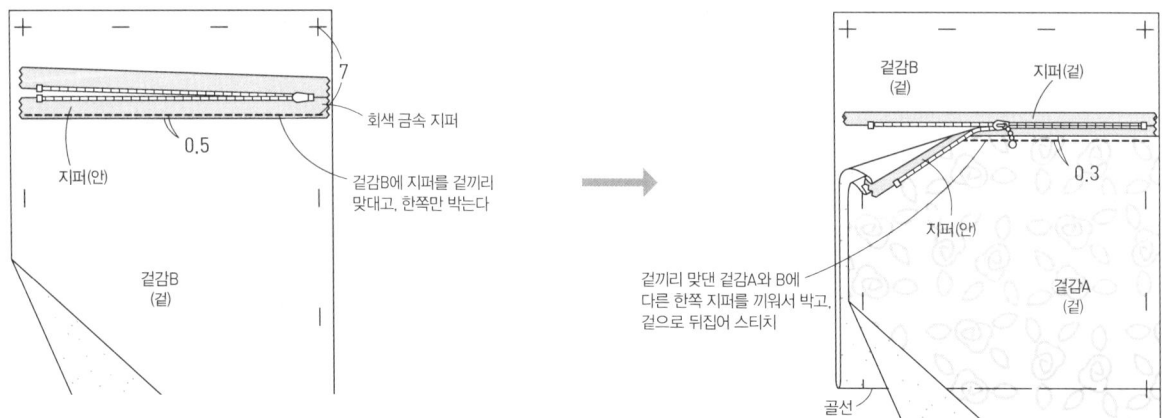

7

회색 금속 지퍼

0.5

지퍼(안)

겉감B에 지퍼를 겉끼리
맞대고, 한쪽만 박는다

겉감B
(겉)

겉감B
(겉)

지퍼(겉)

지퍼(안)

0.3

겉끼리 맞댄 겉감A와 B에
다른 한쪽 지퍼를 끼워서 박고,
겉으로 뒤집어 스티치

겉감A
(겉)

골선

2 가방 입구에 지퍼를 단다

※지퍼 달기(p.29)

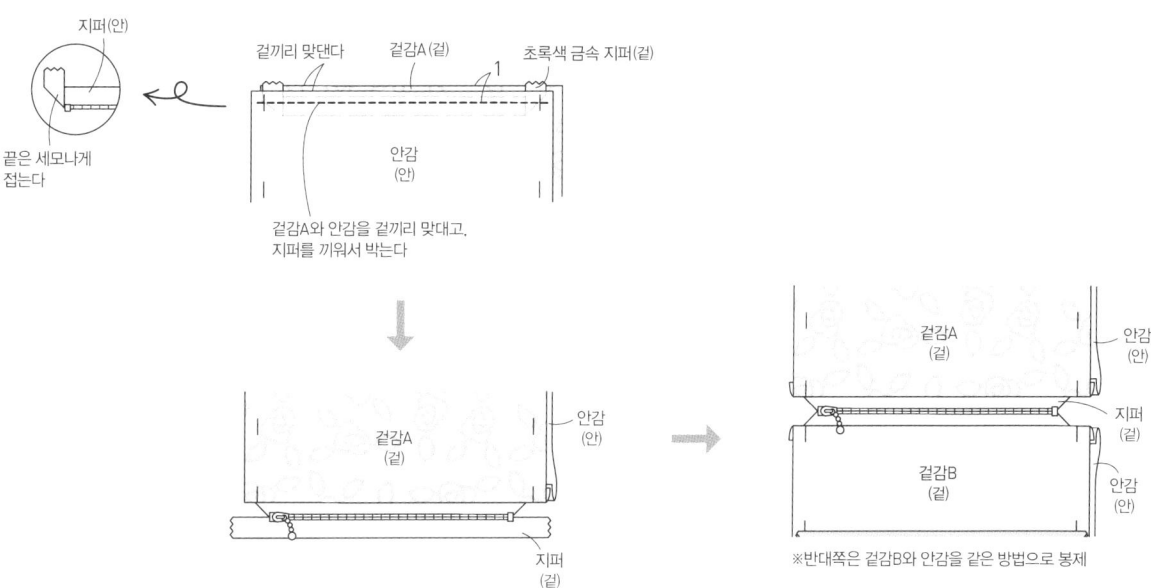

지퍼(안)

끝은 세모나게 접는다

겉끼리 맞댄다

겉감A(겉)

초록색 금속 지퍼(겉)

안감 (안)

겉감A와 안감을 겉끼리 맞대고, 지퍼를 끼워서 박는다

겉감A (겉)

안감 (안)

지퍼 (겉)

겉감A (겉)

안감 (안)

지퍼 (겉)

겉감B (겉)

안감 (안)

※반대쪽은 겉감B와 안감을 같은 방법으로 봉제

3 옆선을 박고, 바닥에 폭을 만든다

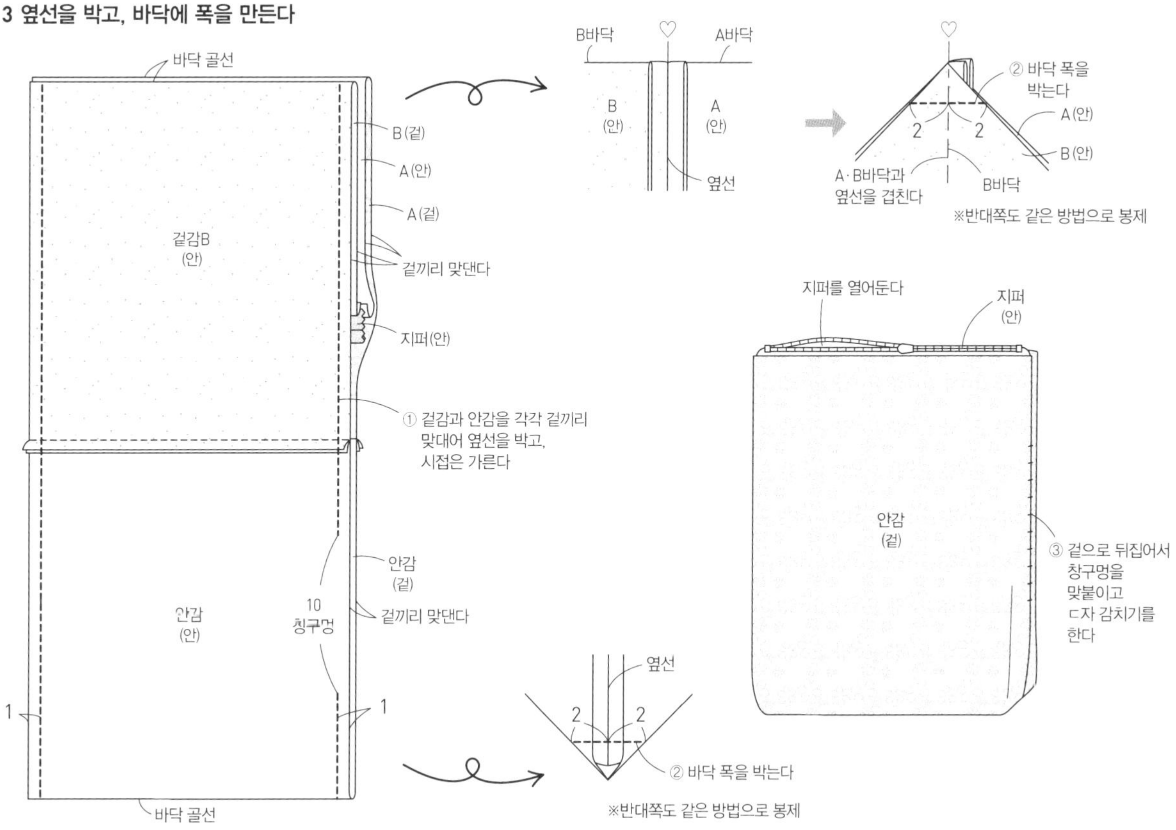

바닥 골선

겉감B (안)

B(겉)

A(안)

A(겉)

겉끼리 맞댄다

지퍼(안)

① 겉감과 안감을 각각 겉끼리 맞대어 옆선을 박고, 시접은 가른다

안감 (겉)

겉끼리 맞댄다

안감 (안)

10 창구멍

1

바닥 골선

1

B바닥

A바닥

B (안)

A (안)

옆선

② 바닥 폭을 박는다

A(안)

B(안)

A·B바닥과 옆선을 겹친다

B바닥

2 2

※반대쪽도 같은 방법으로 봉제

지퍼를 열어둔다

지퍼

지퍼 (안)

안감 (겉)

③ 겉으로 뒤집어서 창구멍을 맞붙이고 ㄷ자 감치기를 한다

옆선

2 2

② 바닥 폭을 박는다

※반대쪽도 같은 방법으로 봉제

4 태브를 몸판에 리벳으로 단다

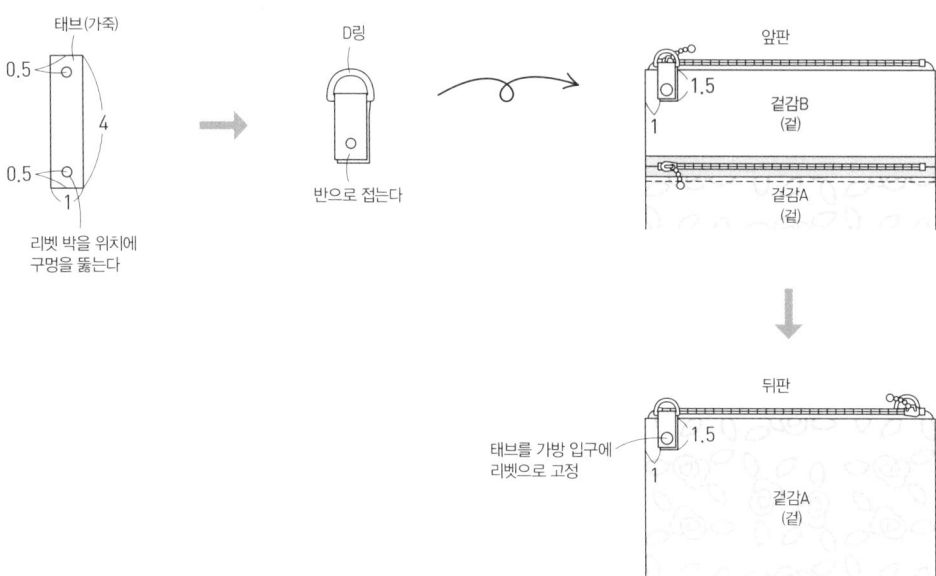

태브(가죽)

0.5

0.5

4

1

리벳 박을 위치에
구멍을 뚫는다

D링

반으로 접는다

앞판

1.5

1

겉감B
(겉)

겉감A
(겉)

뒤판

1.5

1

겉감A
(겉)

태브를 가방 입구에
리벳으로 고정

5 어깨끈을 만든다

가죽 테이프(길이 120㎝)

3 1

0.9

리벳 박을 위치에
구멍을 뚫는다

열쇠고리(부속)을 끼우고
리벳으로 고정

열쇠고리(부속)

완성도

어깨끈

레이스 모티브를
앞판에 단다

23

16

4

m.

**턱 테이퍼드
팬츠**

photo p.52

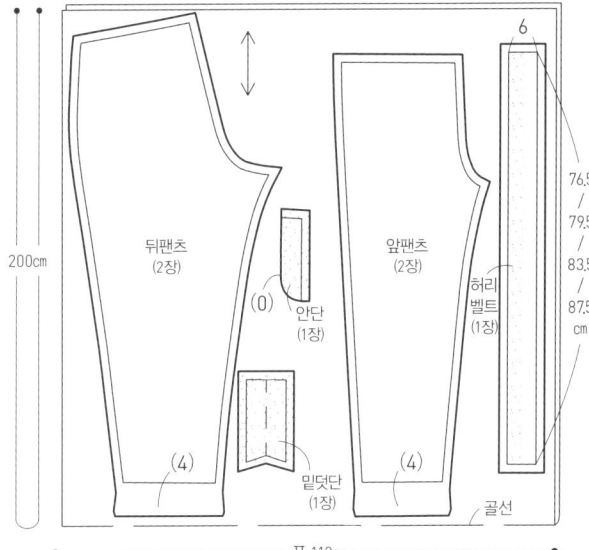

기모 핀스트라이프(회색)

200cm

뒤팬츠
(2장)

(0)

안단
(1장)

밑덧단
(1장)

앞팬츠
(2장)

허리
벨트
(1장)

6

76,5
/
79,5
/
83,5
/
87,5
cm

(4)

(4)

골선

폭 112cm

※( ) 안의 숫자는 시접. 정해진 곳 이외 시접은 1cm
※▨▨▨는 접착심을 붙인다
※원단 필요량은 위부터 S/M/L/XL

완성 치수

(왼쪽부터 S/M/L/XL)

팬츠 길이(벨트 포함)…86/87,5/89/90,5cm

허리둘레…72/75/79/83cm

엉덩이둘레…98/101/105/109cm

재료

기모 핀스트라이프(회색)…폭 112cm×200cm

접착심…90cm×20cm

플랫 니트® 지퍼…길이 20cm 1개

단추…지름 1,5cm 1개

실물 크기 패턴 A면 m

1 앞팬츠, 2 뒤팬츠, 3 안단, 4 밑덧단

How to make

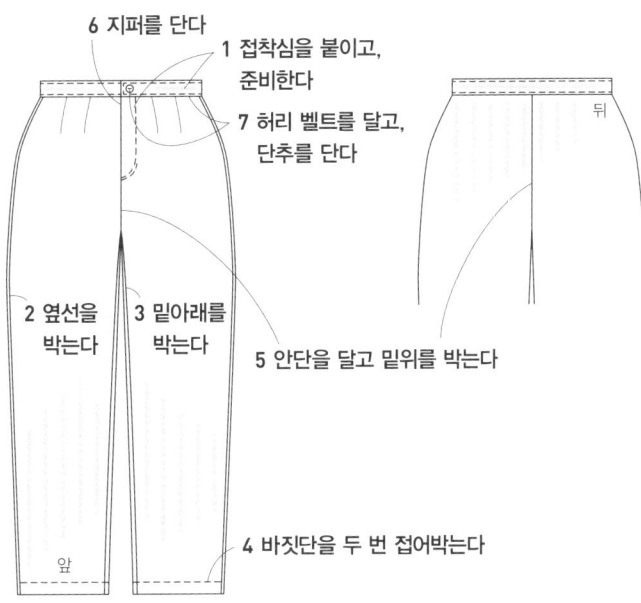

6 지퍼를 단다

1 접착심을 붙이고,
준비한다

7 허리 벨트를 달고,
단추를 단다

뒤

2 옆선을
박는다

3 밑아래를
박는다

5 안단을 달고 밑위를 박는다

4 바짓단을 두 번 접어박는다

앞

1 접착심을 붙이고, 준비한다

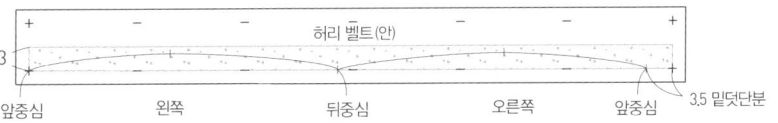

허리 벨트(안)

3

앞중심   왼쪽   뒤중심   오른쪽   앞중심   3,5 밑덧단분

2 옆선을 박는다

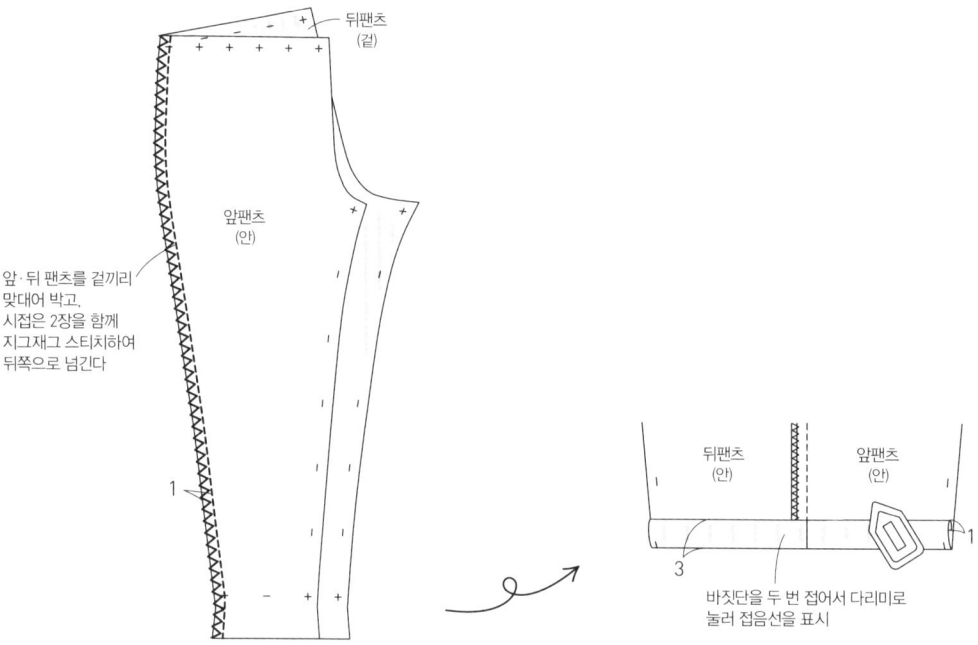

앞·뒤 팬츠를 겉끼리
맞대어 박고,
시접은 2장을 함께
지그재그 스티치하여
뒤쪽으로 넘긴다

뒤팬츠
(겉)

앞팬츠
(안)

1

뒤팬츠
(안)

앞팬츠
(안)

3

1

바짓단을 두 번 접어서 다리미로
눌러 접음선을 표시

3 밑아래를 박는다

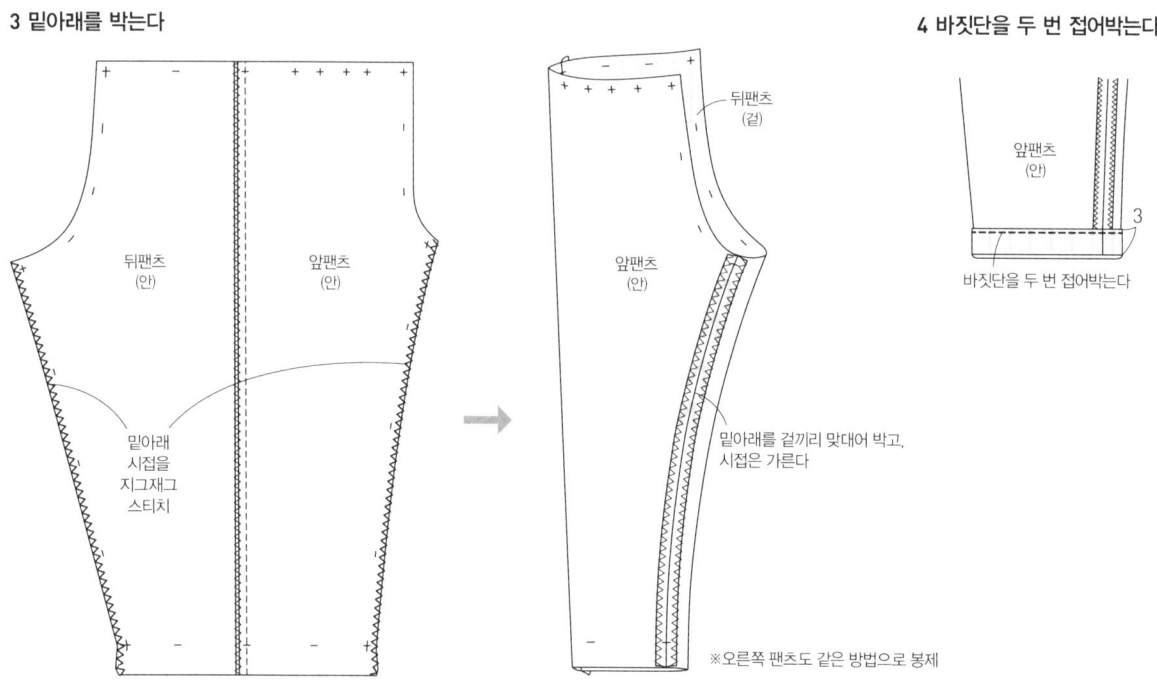

뒤팬츠
(안)

앞팬츠
(안)

밑아래
시접을
지그재그
스티치

앞팬츠
(안)

뒤팬츠
(겉)

밑아래를 겉끼리 맞대어 박고,
시접은 가른다

※오른쪽 팬츠도 같은 방법으로 봉제

4 바짓단을 두 번 접어박는다

앞팬츠
(안)

3

바짓단을 두 번 접어박는다

5 안단을 달고 밑위를 박는다(p.53)

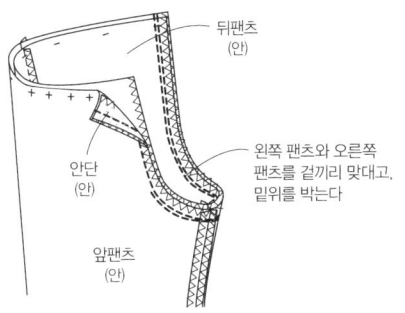

뒤팬츠
(안)

왼쪽 팬츠와 오른쪽
팬츠를 겉끼리 맞대고,
밑위를 박는다

안단
(안)

앞팬츠
(안)

6 지퍼를 단다

※지퍼 달기(p.53~55)

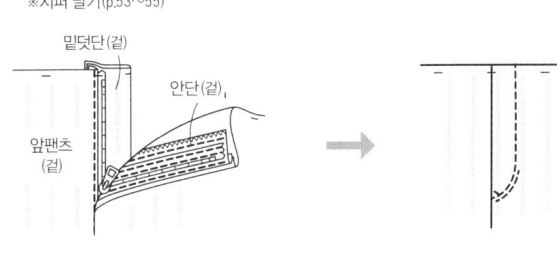

밑덧단(겉)

안단(겉)

앞팬츠
(겉)

7 허리 벨트를 달고, 단추를 단다

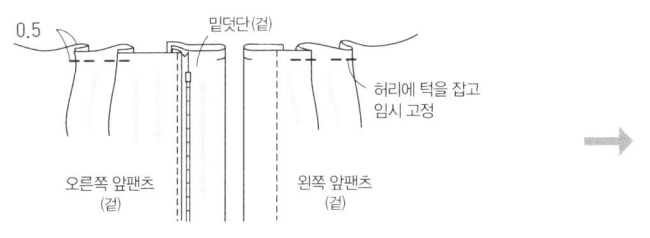

0.5

밑덧단(겉)

허리에 턱을 잡고
임시 고정

오른쪽 앞팬츠
(겉)

왼쪽 앞팬츠
(겉)

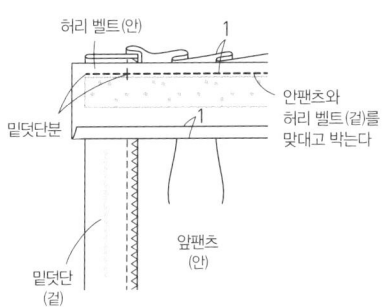

허리 벨트(안)

1

안팬츠와
허리 벨트(겉)를
맞대고 박는다

밑덧단분

1

밑덧단
(겉)

앞팬츠
(안)

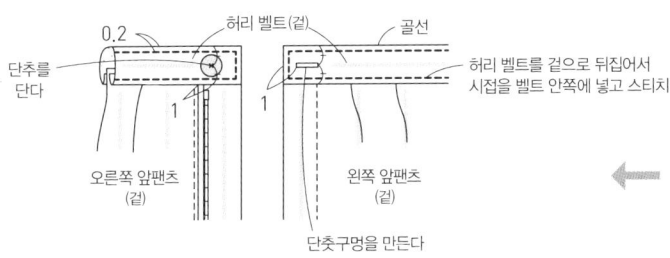

0.2

허리 벨트(겉)

골선

단추를
단다

1

1

허리 벨트를 겉으로 뒤집어서
시접을 벨트 안쪽에 넣고 스티치

오른쪽 앞팬츠
(겉)

왼쪽 앞팬츠
(겉)

단춧구멍을 만든다

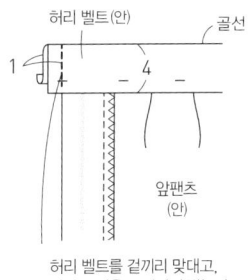

허리 벨트(안)

골선

1

4

앞팬츠
(안)

허리 벨트를 겉끼리 맞대고,
앞판 끝선을 표시까지 박는다

n.
패널 라인 원피스

photo p.56

재단 배치도

완성 치수

(왼쪽부터 S / M / L / XL)

옷 길이…99 / 101.5 / 104 / 105㎝

가슴둘레…92 / 95 / 99 / 103㎝

허리둘레…79.5 / 82.5 / 86.5 / 90.5㎝

재료

아문젠(남색)…폭 112㎝×255 / 265 / 270 / 270㎝

실크…4㎝×4㎝

접착심…90㎝×30㎝

콘실® 지퍼…길이 56㎝ 1개

라운드 스팽글(남색)·커트 비즈·환소 비즈·환대 비즈…각 적당량

펄 비즈…지름 2.5·3·4㎜ 각 적당량

후크(수놈)…1개

실물 크기 패턴 B면 n

1 앞판, 2 앞옆판, 3 뒤판, 4 뒤옆판, 5 앞소매, 6 뒤소매, 7 소맷부리 안단,
8 앞안단, 9 뒤안단

아문젠(남색)

(1.2)

2

뒤판
(2장)

앞판
(1장)

(1.5)

(1.2)

(1.2)   (3)   (3)

골선

(1.2)

255
/
265
/
270
/
270
㎝

(1.2)

뒤옆판
(2장)

앞옆판
(2장)

(3)   (3)   (0.8)

앞안단
(1장)

(0)

뒤소매
(2장)

앞소매
(2장)

뒤안단
(2장)

(1.2)   (1.2)

(0)   소맷부리 쪽

(0)

(0.5)   (0)   (0.8)

폭 112㎝

소맷부리 안단(2장)

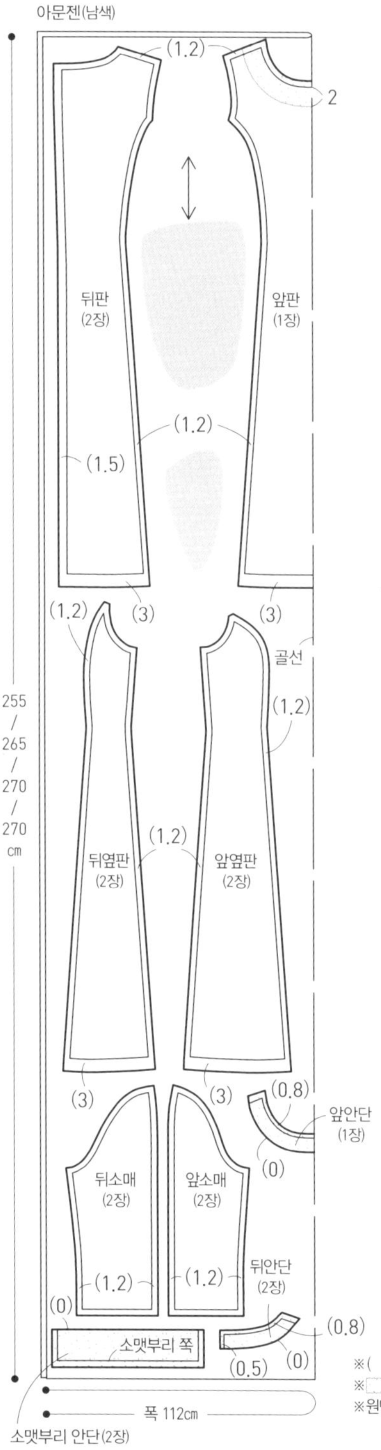

※( )안의 숫자는 시접. 정해진 곳 이외 시접은 1㎝
※ㅁㅁ는 접착심을 붙인다
※원단 필요량은 위부터 S / M / L / XL

How to make

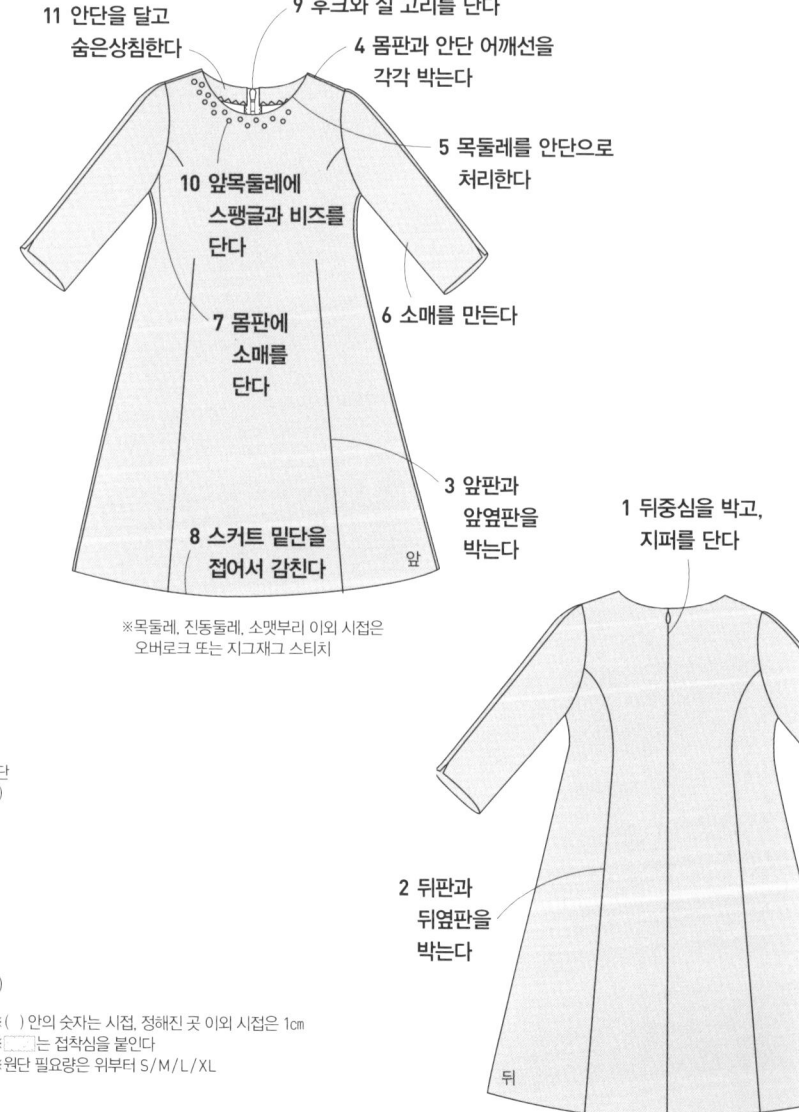

11 안단을 달고 숨은상침한다

9 후크와 실 고리를 단다

4 몸판과 안단 어깨선을 각각 박는다

5 목둘레를 안단으로 처리한다

10 앞목둘레에 스팽글과 비즈를 단다

6 소매를 만든다

7 몸판에 소매를 단다

8 스커트 밑단을 접어서 감친다

3 앞판과 앞옆판을 박는다

앞

1 뒤중심을 박고, 지퍼를 단다

2 뒤판과 뒤옆판을 박는다

뒤

※목둘레, 진동둘레, 소맷부리 이외 시접은
오버로크 또는 지그재그 스티치

1 뒤중심을 박고, 지퍼를 단다

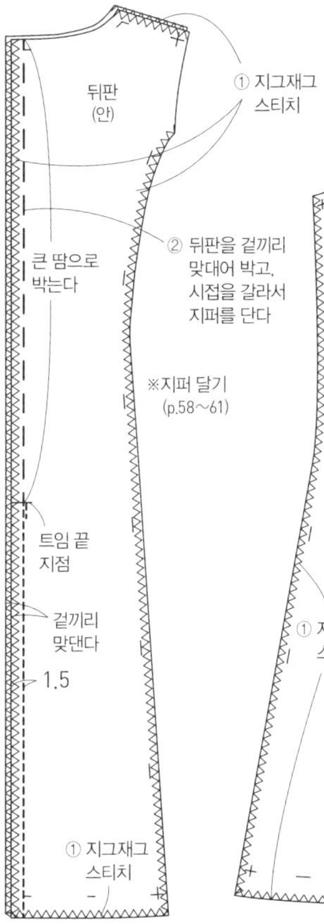

뒤판
(안)

① 지그재그
스티치

큰 땀으로
박는다

② 뒤판을 겉끼리
맞대어 박고,
시접을 갈라서
지퍼를 단다

※지퍼 달기
(p.58~61)

트임 끝
지점

겉끼리
맞댄다

1.5

① 지그재그
스티치

2 뒤판과 뒤옆판을 박는다

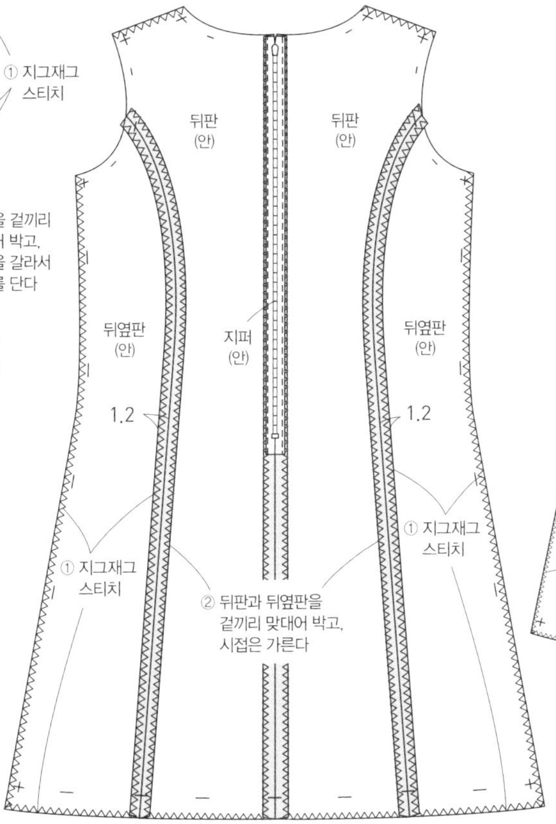

뒤판
(안)

뒤판
(안)

뒤옆판
(안)

지퍼
(안)

뒤옆판
(안)

1.2

1.2

① 지그재그
스티치

① 지그재그
스티치

② 뒤판과 뒤옆판을
겉끼리 맞대어 박고,
시접은 가른다

3 앞판과 앞옆판을 박는다

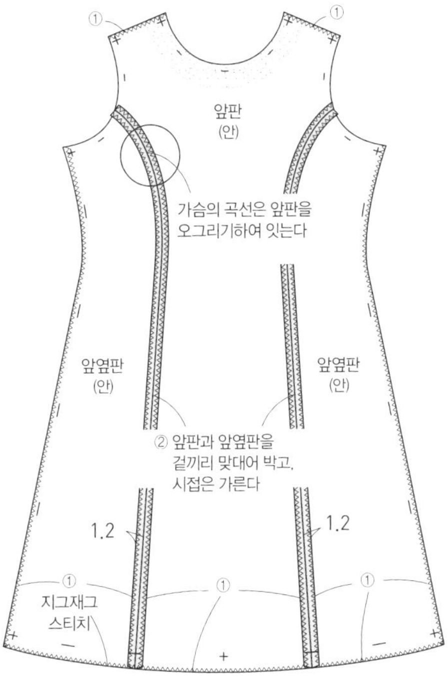

①

①

앞판
(안)

가슴의 곡선은 앞판을
오그리기하여 잇는다

앞옆판
(안)

앞옆판
(안)

② 앞판과 앞옆판을
겉끼리 맞대어 박고,
시접은 가른다

1.2

1.2

①

① 지그재그
스티치

①

①

4 몸판과 안단 어깨선을 각각 박는다

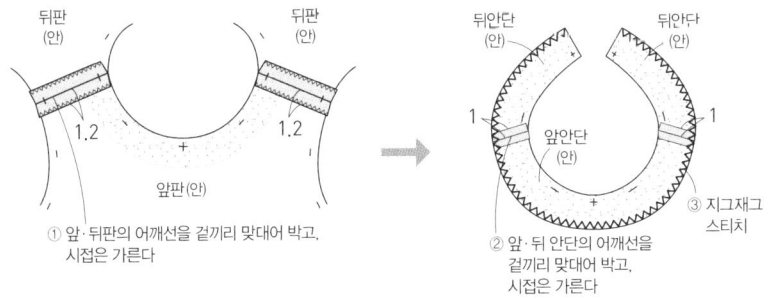

뒤판
(안)

뒤판
(안)

1.2

1.2

앞판(안)

① 앞·뒤판의 어깨선을 겉끼리 맞대어 박고,
시접은 가른다

뒤안단
(안)

뒤안단
(안)

1

1

앞안단
(안)

③ 지그재그
스티치

② 앞·뒤 안단의 어깨선을
겉끼리 맞대어 박고,
시접은 가른다

5 목둘레를 안단으로 처리한다

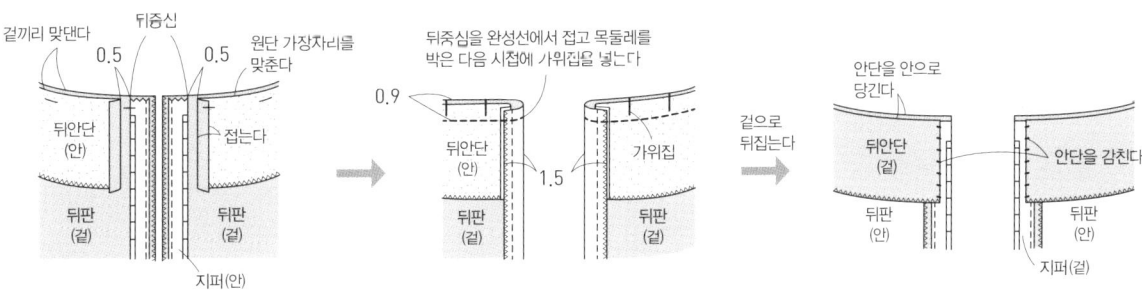

겉끼리 맞댄다

뒤중심

0.5

0.5

원단 가장자리를
맞춘다

뒤안단
(안)

접는다

뒤판
(겉)

뒤판
(겉)

지퍼(안)

뒤중심을 완성선에서 접고 목둘레를
박은 다음 시접에 가위집을 넣는다

0.9

뒤안단
(안)

1.5

가위집

뒤판
(겉)

뒤판
(겉)

겉으로
뒤집는다

안단을 안으로
당긴다

뒤안단
(겉)

안단을 감친다

뒤판
(안)

뒤판
(안)

뒤판
(겉)

지퍼(겉)

6 소매를 만든다

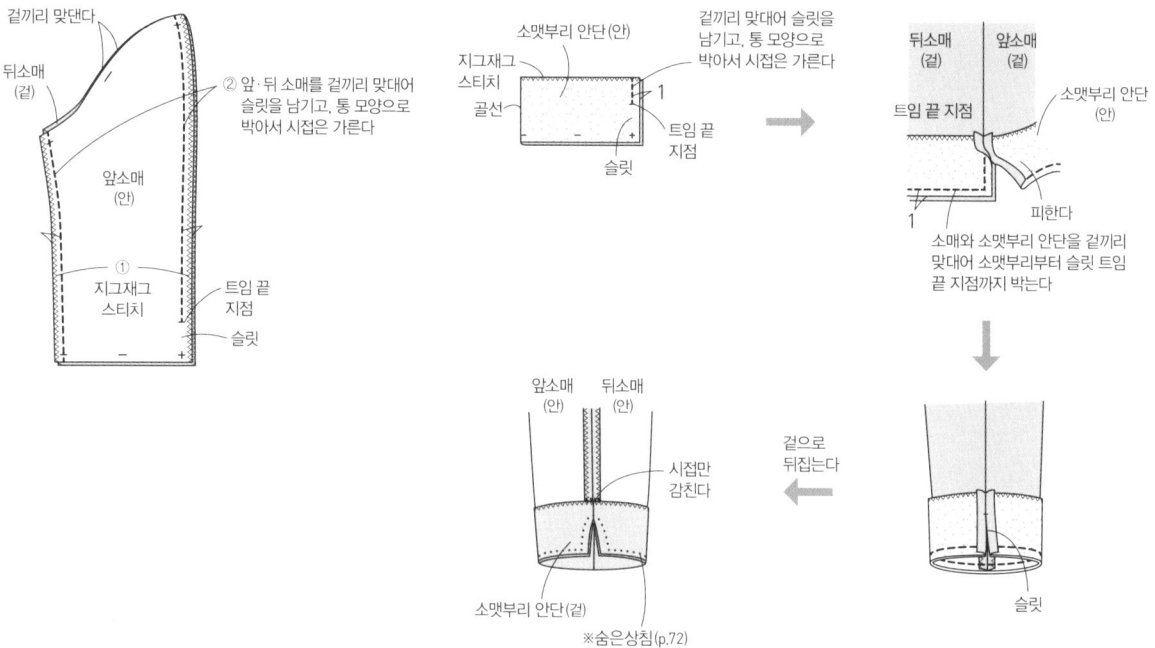

겉끼리 맞댄다

뒤소매 (겉)

앞소매 (안)

① 지그재그 스티치

트임 끝 지점

슬릿

② 앞·뒤 소매를 겉끼리 맞대어 슬릿을 남기고, 통 모양으로 박아서 시접은 가른다

소맷부리 안단(안)

지그재그 스티치

골선

겉끼리 맞대어 슬릿을 남기고, 통 모양으로 박아서 시접은 가른다

1

트임 끝 지점

슬릿

뒤소매 (겉)   앞소매 (겉)

트임 끝 지점

소맷부리 안단 (안)

1

피한다

소매와 소맷부리 안단을 겉끼리 맞대어 소맷부리부터 슬릿 트임 끝 지점까지 박는다

겉으로 뒤집는다

슬릿

앞소매 (안)   뒤소매 (안)

시접만 감친다

소맷부리 안단(겉)

※숨은상침(p.72)

7 몸판에 소매를 단다

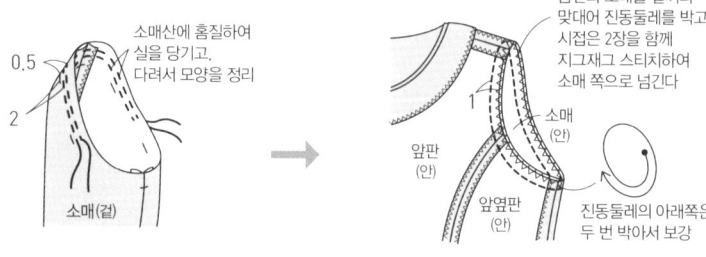

소매산에 홈질하여 실을 당기고, 다려서 모양을 정리

0.5

2

소매 (겉)

몸판과 소매를 겉끼리 맞대어 진동둘레를 박고, 시접은 2장을 함께 지그재그 스티치하여 소매 쪽으로 넘긴다

1

소매 (안)

앞판 (안)

앞옆판 (안)

진동둘레의 아래쪽은 두 번 박아서 보강

8 스커트 밑단을 접어서 감친다

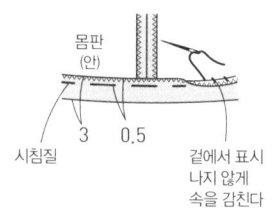

몸판 (안)

3   0.5

시침질

겉에서 표시 나지 않게 속을 감친다

9 후크와 실 고리를 단다

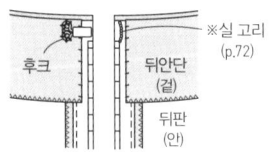

후크

뒤안단 (겉)

※실 고리 (p.72)

뒤판 (안)

10 앞목둘레에 스팽글과 비즈를 단다
11 안단을 달고 숨은상침한다

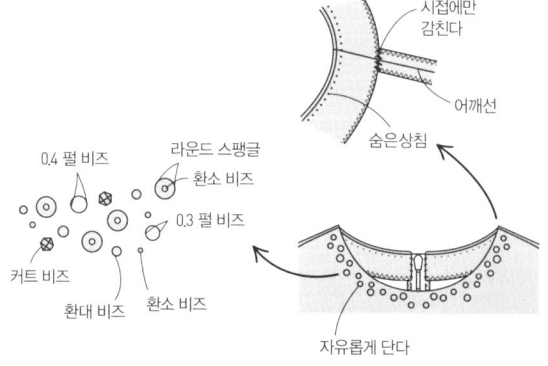

시접에만 감친다

어깨선

숨은상침

0.4 펄 비즈

라운드 스팽글

환소 비즈

0.3 펄 비즈

커트 비즈

환대 비즈   환소 비즈

자유롭게 단다

o.

노칼라
재킷

photo p.62

완성 치수

(왼쪽부터 S/M/L/XL)

옷 길이…60.5/61.5/62.5/63.5cm

가슴둘레…96/99/103/107cm

재료

리투아니아 리넨 데님…폭 145cm×135cm

접착심…55cm×40cm

금속 오픈 지퍼…길이 50cm 1개

고무 밴드…폭 4cm×34cm

가시 도트 단추…지름 1.1cm 2쌍

실물 크기 패턴 B면 o

1 앞판, 2 뒤판, 3 소매, 4 앞안단, 5 뒤안단

재단 배치도

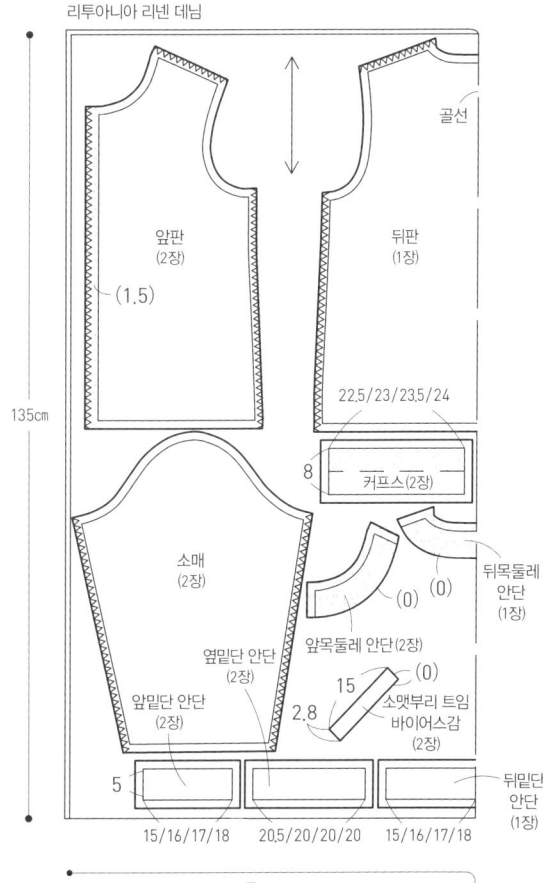

리투아니아 리넨 데님

앞판 (2장) (1.5)

뒤판 (1장)

골선

135cm

22.5/23/23.5/24

8

커프스(2장)

소매 (2장)

뒤목둘레 안단 (1장)

앞목둘레 안단(2장)

옆밑단 안단 (2장)

앞밑단 안단 (2장)

15 소맷부리 트임 바이어스감 (2장)

2.8

(0)

5

뒤밑단 안단 (1장)

15/16/17/18 20.5/20/20/20 15/16/17/18

폭 145cm

※ ( ) 안의 숫자는 시접, 정해진 곳 이외 시접은 1cm

※ □□□ 는 접착심을 붙인다

※ ⋀⋀⋀⋀⋀ 는 지그재그 스티치

How to make

1 정해진 곳에 접착심을 붙이고 어깨선, 옆선, 소매 옆선, 앞판 끝선의 시접을 처리한다

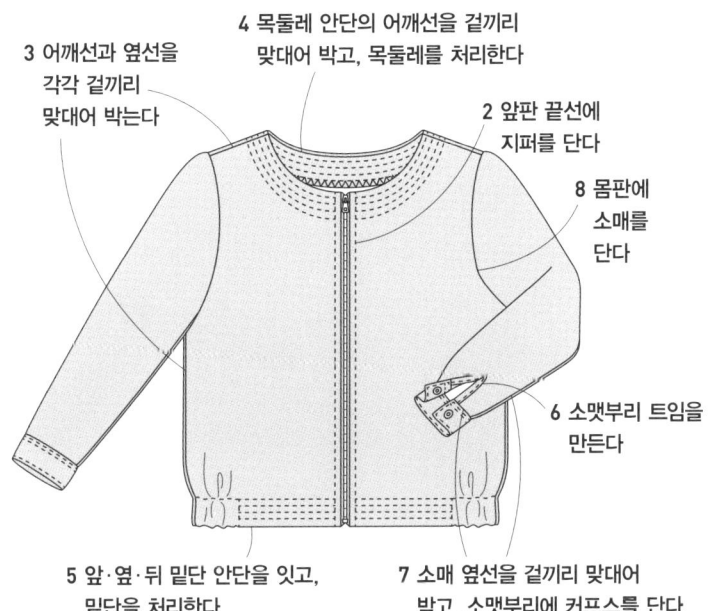

3 어깨선과 옆선을 각각 겉끼리 맞대어 박는다

4 목둘레 안단의 어깨선을 겉끼리 맞대어 박고, 목둘레를 처리한다

2 앞판 끝선에 지퍼를 단다

8 몸판에 소매를 단다

6 소맷부리 트임을 만든다

5 앞·옆·뒤 밑단 안단을 잇고, 밑단을 처리한다

7 소매 옆선을 겉끼리 맞대어 박고, 소맷부리에 커프스를 단다

2 앞판 끝선에 지퍼를 단다

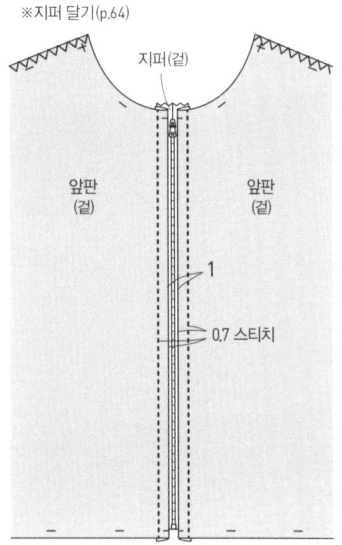

※지퍼 달기(p.64)

지퍼(겉)

앞판
(겉)

앞판
(겉)

1

0.7 스티치

3 어깨선과 옆선을 각각 겉끼리 맞대어 박는다

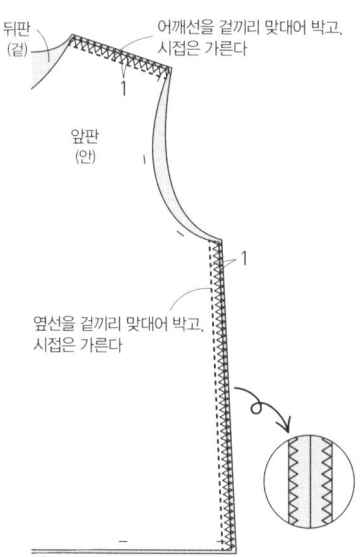

뒤판
(겉)

어깨선을 겉끼리 맞대어 박고,
시접은 가른다

1

앞판
(안)

1

옆선을 겉끼리 맞대어 박고,
시접은 가른다

4 목둘레 안단의 어깨선을 겉끼리 맞대어 박고, 목둘레를 처리한다

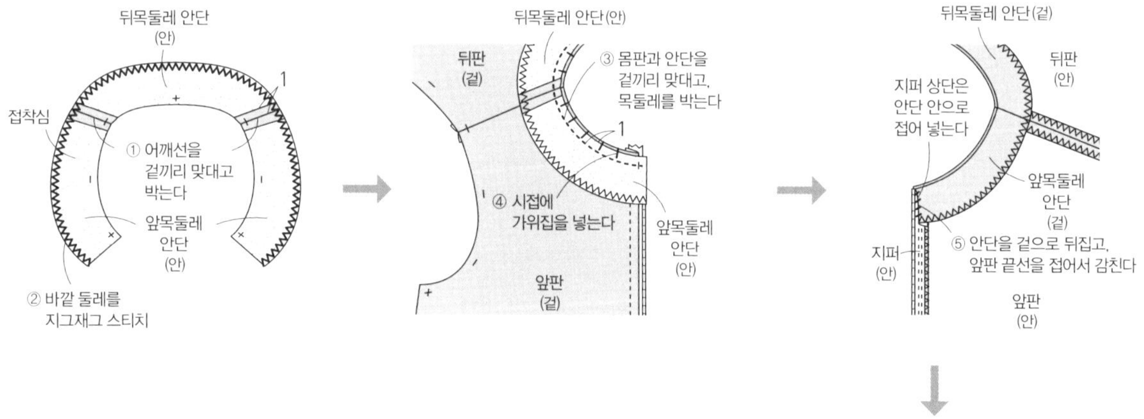

뒤목둘레 안단
(안)

1

접착심

① 어깨선을
겉끼리 맞대고
박는다

앞목둘레
안단
(안)

② 바깥 둘레를
지그재그 스티치

뒤목둘레 안단(안)

뒤판
(겉)

③ 몸판과 안단을
겉끼리 맞대고,
목둘레를 박는다

1

④ 시접에
가위집을 넣는다

앞목둘레
안단
(안)

앞판
(겉)

뒤목둘레 안단(겉)

지퍼 상단은
안단 안으로
접어 넣는다

뒤판
(겉)

앞목둘레
안단
(겉)

지퍼
(안)

⑤ 안단을 겉으로 뒤집고,
앞판 끝선을 접어서 감친다

앞판
(안)

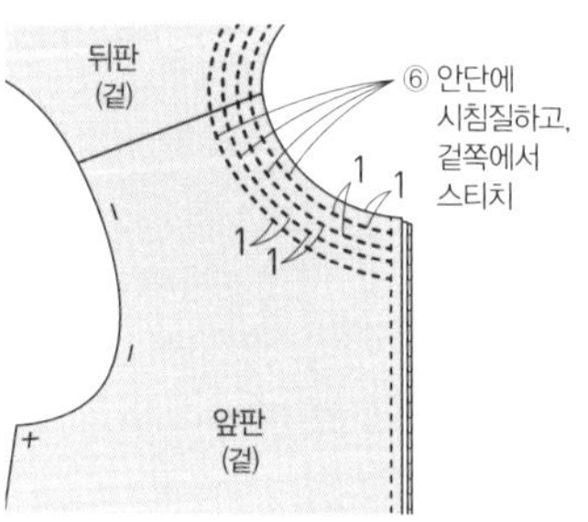

뒤판
(겉)

⑥ 안단에
시침질하고,
겉쪽에서
스티치

1

1

1

앞판
(겉)

5 앞·옆·뒤 밑단 안단을 잇고, 밑단을 처리한다

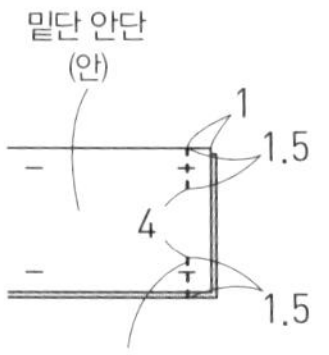

밑단 안단
(안)

1

1.5

4

1.5

① 겉끼리 맞대어 고무 밴드 끼우는 구멍을 4㎝ 남기고, 5장을 박아서 잇는다

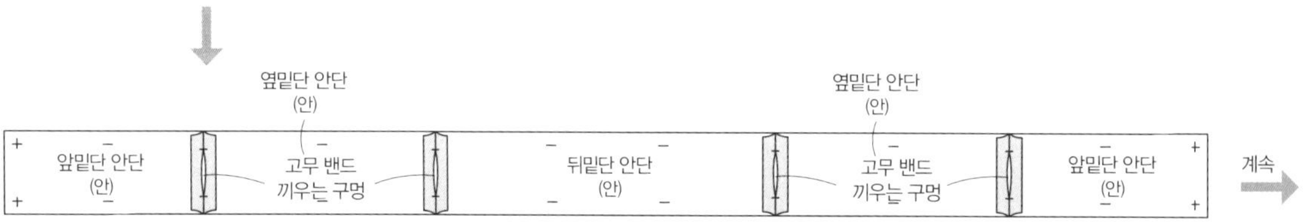

옆밑단 안단
(안)

옆밑단 안단
(안)

앞밑단 안단
(안)

고무 밴드
끼우는 구멍

뒤밑단 안단
(안)

고무 밴드
끼우는 구멍

앞밑단 안단
(안)

계속

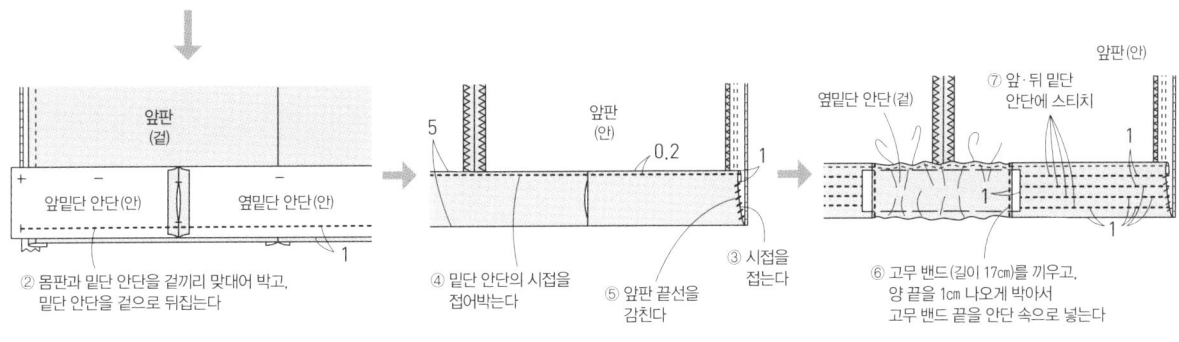

② 몸판과 밑단 안단을 겉끼리 맞대어 박고,
　밑단 안단을 겉으로 뒤집는다

④ 밑단 안단의 시접을
　접어박는다

⑤ 앞판 끝선을
　감친다

③ 시접을
　접는다

⑥ 고무 밴드(길이 17cm)를 끼우고,
　양 끝을 1cm 나오게 박아서
　고무 밴드 끝을 안단 속으로 넣는다

6 소맷부리 트임을 만든다

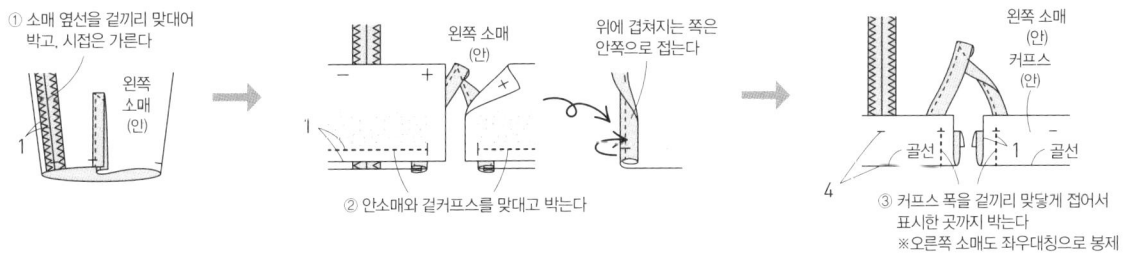

① 가위집을 넣는다

② 가위집 부분을 벌려서
　바이어스감을 맞대고
　박는다

③ 겉으로 뒤집고,
　바이어스감으로
　싸듯이 박는다

④ 세모나게
　박는다

7 소매 옆선을 겉끼리 맞대어 박고, 소맷부리에 커프스를 단다

① 소매 옆선을 겉끼리 맞대어
　박고, 시접은 가른다

② 안소매와 겉커프스를 맞대고 박는다

위에 겹쳐지는 쪽은
안쪽으로 접는다

③ 커프스 폭을 겉끼리 맞닿게 접어서
　표시한 곳까지 박는다
　※오른쪽 소매도 좌우대칭으로 봉제

⑤ 가시 도트 단추를 박는다

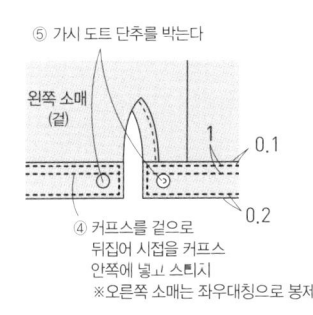

④ 커프스를 겉으로
　뒤집어 시접을 커프스
　안쪽에 넣고 스티치
　※오른쪽 소매는 좌우대칭으로 봉제

8 몸판에 소매를 단다

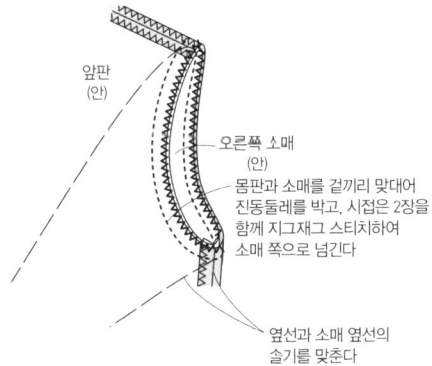

앞판
(안)

오른쪽 소매
(안)

몸판과 소매를 겉끼리 맞대어
진동둘레를 박고, 시접은 2장을
함께 지그재그 스티치하여
소매 쪽으로 넘긴다

옆선과 소매 옆선의
솔기를 맞춘다

※왼쪽 소매도 같은 방법으로 봉제

Design & Make

아오야마 케이코(AOYAMA KEIKO)
http://www.needlework-tansy.com/

코시젠 유카(KOSHIZEN YUKA)
http://www.xixiang.net/

May Me 이토 미치요(ITO MICHIYO)
http://www.mayme-style.com/

NEEDLEWORK LAB 야스다 유미코(YASUDA YUMIKO)
http://mottainaimama.blog96.fc2.com/

FASTENER NO HON (NV70334)
Copyright © NIHON VOGUE-SHA 2016
All rights reserved.
First published in Japan in 2016 by Nihon Vogue Co., Ltd.
Photographer: Yukari Shirai, Noriaki Moriya, Makiko Shimoe
Designer of the projects in this book: Keiko Aoyama, Michiyo Ito, Yuka Koshizen, Yumiko Yasuda
This Korean edition is published by arrangement with Nihon Vogue Co., Ltd, Tokyo
in care of Tuttle-Mori Agency, Inc., Tokyo through Botong Agency, Seoul.

이 책의 한국어판 저작권은 Botong Agency를 통한 저작권자와의 독점 계약으로 한스미디어가 소유합니다.
저작권법에 의하여 한국 내에서 보호를 받는 저작물이므로 무단전재와 복제를 금합니다.

쉽게 배우는
지퍼 책

1판 1쇄 발행 | 2017년 5월 29일
1판 3쇄 발행 | 2023년 2월 15일

지은이 일본보그사 편
옮긴이 남궁가윤
펴낸이 김기옥

실용본부장 박재성
편집 실용2팀 이나리, 장윤선
마케터 이지수
판매 전략 김선주
지원 고광현, 김형식, 임민진

디자인 푸른나무디자인
인쇄·제본 민언프린텍

펴낸곳 한스미디어(한즈미디어(주))
주소 121-839 서울시 마포구 양화로 11길 13(서교동, 강원빌딩 5층)
전화 02-707-0337 | 팩스 02-707-0198 | 홈페이지 www.hansmedia.com
출판신고번호 제 313-2003-227호 | 신고일자 2003년 6월 25일

ISBN 979-11-6007-139-9 13590

책값은 뒤표지에 있습니다.
잘못 만들어진 책은 구입하신 서점에서 교환해 드립니다.